逆境の成功哲学

富や名声なんて
何度でも
手にできる！

You can get
wealth and fame
as many times as
you want!

PHILOSOPHY
OF SUCCESS
IN ADVERSITY

ホームレス生活、
倒産、裏切り、
コロナ、脳卒中…
それでも
ど底辺から
必ず復活！

稲村徹也
Tetsuya Inamura

すばる舎

はじめに

私はこれまで、数百冊におよぶ成功哲学本を読みあさってきました。ど底辺でゴキブリのように地べたをガサガサと這《は》いつくばっていた若い時分の私にとっては、生き方の指針となる本もあったし、「こういうときは、こう考え、こう行動すればいいんだな」というヒントを頂戴した本もたくさんありました。

「ゼロからスタートして巨万の富を築いた成功者も、スタート地点はオレと似たような境遇だ。だったら、オレにも可能性がある」と希望を抱いたものです。

その甲斐あって、億単位の年商をあげる複数の会社を経営するなど、それなりの成功をおさめることができましたが、順風満帆というわけにはいきませんでした。

詳細は本文でお伝えしますが、倒産をして多額の借金を抱えたり、その後、再起を図るものの、信頼していた仲間の裏切りに遭《あ》ったり、脳梗塞《のうこうそく》で倒れるなどして、幾度となく苦汁をなめたからです。

あれだけたくさんの成功哲学本を読んで、そこに書かれてあることを実践してきたつもりなのに、どこに問題があったのだろう……。

そのことを四六時中、自分に向けて問いつづけた私は、ハッとあることに気づきました。

それは、お金の亡者であったことです。考えることといえば、寝ても覚めてもお金のことばかり。いかに儲けるか、いかに増やすか……。そのことしか頭にない。

これはもう意識レベルに問題があり、低い証拠。

意識レベルが低いと、いっときは成功に向けてうまくいっているように思えても、どこかで歯車が狂うなどして、考えることも、決断も、行動も、すべてにおいて支障をきたすようになる――それを思い知ったのです。

以来、私は猛省し、意識レベルを高めるように努めたところ、ほどなくして再起を果たすことができました。そしてそれを機に、成功哲学の本質を探究していくことにしました。

その手掛かりは、世界各地の名だたる超一流の成功者たちとお付き合いさせていただき、知りえたことの中にあるのではないかと考え、つぶさに分析したところ、至って単純な真実を突き止めることができました。

それは、成功者はどの人もみんな意識レベルが高く、その大元には〝四つの思考〟が習慣として備わっていて、それが人生の好循環サイクルをもたらしていたということです。

そう、病床にあった私が思い知った「意識レベル」がまさしく関係していたのです。

では、超一流の成功者たちの意識レベルを高くしている四つの思考とは、いかなるものなのか？　それを養うためには、どうすればいいのか？

それらをあますことなくお伝えするために、とくに令和の時代を生きる次世代の方々に還元したいという気持ちで書き著したのが、本書なのです。


といっても、学のない私が本書で難しいことを説《と》くつもりなど毛頭ありません。

四つの思考はどれも至ってシンプル。誰もが理解できることばかりです。

本書は一気に読もうとしないで、時間をかけて、ていねいにゆっくりと頁をめくってください。そして琴線にふれた箇所、印象に残った箇所、目からウロコが落ちたような箇所にはペンでアンダーラインを引いたり、付箋をつけるなどして、「これだったら、自分にも今すぐできそうだ」と思えることから実践していってほしいのです。

人は知識を習得したとき、①「意識をしてもやらない人」、②「意識をすればやる人」、③「意識をしなくてもやる人」の３パターンに分かれます。

このうちの②であることを常に肝に銘じておけば、習慣となって自然体で③に移行していき、気がつけば意識レベルが高くなっていることを、この場でお約束しましょう。

成功をおさめるためには、努力や頑張りが必要になってくるのは言うまでもありません。メンタルも強靭《きょうじん》にする必要があるでしょう。

しかし、それだけでは不十分で、同時に四つの思考を養い意識レベルを向上させてこそ、真の意味で〝成功の王道〟を歩むことができるようになります。

そう、たとえ、今のあなたが泥まみれの人生であっても、その泥が黄金色に輝き出すときがくるのです。

かつての私のように、ど底辺でゴキブリのように地べたをガサガサと這いつくばっていたとしても、夜空を自在に舞うホタルのように輝き出すときがくるのです。

最後に、この本でお伝えすることは、あくまで私の成功哲学であって、あなたが成功した暁《あかつき》にはあなた独自の成功哲学を作っていただきたいと思います。ただ、本書があなたの成功哲学の導火線となってくれたなら、それは、私にとって望外の喜びです。

二〇二一年五月吉日　稲村徹也

第一章　令和の時代に求められる成功の条件

第二章　夢向思考を養う

第三章　明活思考を養う

第四章　楽働思考を養う

第五章　愛善思考を養う

第六章 人生の好循環サイクルが成功を引き寄せる

編集協力　倉林秀光（おふぃすラポート）
編集担当　菅沼真弘（すばる舎）

第一章

令和の時代に求められる成功の条件

人生は勝手に好転しない
自分でしか変えられない

私は能登比咩《のとひめ》神社の家系に生まれ、祖母は神社の巫女《みこ》さんでした。そうしたこともあって、私はよく神社にお参りに行きます。

あなたも、お参りに行くことがありますか？

たとえばお正月に初詣に行ったとき、どんな願掛けをしますか？

さしずめ次のようなことではないでしょうか。


「今年こそ、金運が良くなりますように……」

「新規事業（新規プロジェクト）がうまくいきますように……」

「営業成績が上がりますように……」

「売り上げが倍増して、会社の経営がうまくいきますように……」


しかも毎年、初詣に行くたびに同じような願掛けをしていませんか？

……ほーら、図星ですよね（笑）。

でも、そんな願掛け、もうやめてしまいましょう。それは「自滅行為」というか、自分で運気を低下させていることにほかならないからです。

神社には礼拝の対象となるご神体というものがあり、そこには大抵、鏡が置かれています。最上の神である天照大御神《あまてらすおおみかみ》は太陽神であり、鏡は太陽を象徴しています。鏡が置かれている理由は、ほかにもうひとつあります。

鏡（かがみ）という文字から、真ん中の〝が〟（我）の文字をとると、〝かみ〟（神）という文字になります。つまり、鏡に映る自分自身の神様と向き合い、日頃の自分の思いや行いを振り返りなさい、という意味が込められているのです。

そういったことをないがしろにして、「今年こそ、金運が良くなりますように……」などと願掛けをするのは、鏡に映るもう一人の自分に向かって、「お金がなくてピーピーしている。だから、どうにかならないものか」とセルフトークするようなもの。

まさしくマイナスの自己暗示。これでは良くなるものも良くなるはずがありません。むしろ悪くなるいっぽうです。

その点、運のいい人や成功する人は違います。まず、正月三が日のような人混みの時期は外します。大勢の人たちが願掛け（マイナスのセルフトーク）をしている場に身を置くと、マイナスの気を浴びてしまうことを無意識に察知しているのでしょう。

また、私の知る限り「○○が良くなりますように……」「○○がうまくいきますように……」といった願掛けもいっさいしません。

元日の二～三日ぐらい前に神社を訪れ、「今年も一年無事に過ごすことができました。どうもありがとうございました」「来年も社会に貢献できるように頑張ります」といった報告と誓いをする人が大半です。

そう、鏡に映るもう一人の自分に向かって、自己肯定感が高まるような言葉を口にすることで、自分自身を奮い立たせているのです。

おしなべて、願を掛けるというのは、人生が勝手に好転していくのを望んでいるだけのことなのです。しかし世の中そう甘くはなく、人生の好転を望むのであれば、何かに頼ろうとするのではなく、自分自身の力で変えていくしかないのです。

Key Point　初詣の願掛けなんか、やめてしまおう

成功哲学本読者の大半は自分で歯を磨いていない

人生の好転を望むのであれば、何かに頼ろうとするのではなく、自分自身の力で変えていくしかない――その大切さを訴えようと、これまで数多くの成功哲学本が出版されてきました。

にもかかわらず、これらの本を読んで実際に成功した人はごくわずか。一握りにすぎません。なぜでしょうか？

その理由を述べる前に、成功をおさめてそれなりの財を築いている我が国の起業家（経営者／個人事業主など）がどれくらいいるか、あなたはご存知でしょうか？

おおよそですが、仕事に従事している国民の九〇パーセントがサラリーマンやＯＬといった被雇用者で、一〇パーセントが起業家とされています（二〇一七年・統計局データほか）。私の肌感覚では、その約一〇パーセントの起業家のうち、成功をおさめてそれなりの財を築いている人はさらに二パーセント程度にすぎません。八パーセントがそこそこで、残りの九〇パーセントは瀕死の状態にあると言えるでしょう。

なぜ、これほどまでに重傷者が多いのか？　理由は至って単純で、それらの人は本を読んで知識は得るものの、実践しないからです。知識を行動に移して生かせば知恵になりますが、その知恵が備わっていないのです。

わかりやすいたとえを出しましょう。私たちは子供の頃、大人から「ご飯を食べた後はキチンと歯を磨きなさいね。そうすれば虫歯になりませんよ」と言われつづけてきました。こうして知りえた情報は知識にほかなりませんが、歯を磨かなかったために虫歯になってしまい、歯医者で痛い思いをしたとき、「もうこりごり」ということで歯を磨くようになります。これが行動です。

けれども、今度は強く磨きすぎて歯茎《はぐき》を傷めてしまい、歯肉炎になってしまった。そのとき、「歯は強く磨いてはいけないのだ。このくらいの堅さの歯ブラシを使って、これくらいの力で磨けばいいのだ」ということに気づきます。これが知恵です。

成功哲学本を読んでもうまくいかないと言って嘆く人は、これとまったく同じであると私は考えています。

本で知識を習得しても、それを生かそうとはしない。だから知恵が備わらない。これは、歯を磨かなければ虫歯になってしまうことを知っていても、磨こうとしないで歯医者で痛い思いをする状況とよく似ています。

しかし、実践（行動）すれば、歯茎を傷めながらも歯の磨き方のコツがわかるのと同じように、何かを学ぶことができるし、その学びが知恵となり、成功への伏線となります。

しかも、その学びは知恵を蓄えるだけではなく、人としての成長・人格の形成も促してくれるのです。

人としての成長・人格の形成――そこにこそ、成功哲学の「哲学」としての意義があると言っていいのではないでしょうか。

Key Point　本で得た知識と実践はまったくの別物

私がど底辺から成功できたワケ

実践（行動）すれば、何かを学ぶことができるし、その学びが知恵となり、成功への伏線になると言いました。

なぜ、こう断言するかというと、私自身がそれを身をもって体感したからです。

そこで、ここでちょっと、私のど底辺からのストーリーをお話ししましょう。

私は一九七一年に、石川県で司法書士をしている父親の子として生まれました。しかし、親の期待とは裏腹に小学校でも中学校でも落ちこぼれ。高校生になってからも、それは変わることはありませんでした。

そんな私が唯一夢中になり、真剣に向き合えたのがロック・ミュージックでした。親戚からギターを譲り受けたのがきっかけで、バンド活動を始めるようになり、勉学などどこへやら。寝ても覚めてもロックに明け暮れる日々を送るようになったのです。

そうしたこともあり、高校を卒業した私は上京して、都内にある音楽の専門学校に入学しました。しかし、元来が落ちこぼれ。ギターは弾けるものの音楽に関する勉強は何もしてこなかったため、周囲とのレベルの違いを思い知らされ、あえなく中退。以来、バイトで食いつなぐ生活を送るようになりました。

そんな生活も、長くはつづきませんでした。ミュージシャンとして挫折し、将来の展望がまったく見えなくなった私は、失望と落胆の念にかられ、バイトも辞めてしまい、一日中部屋にこもってはお酒を飲みつづけるようになったのです。

そのため、生活費にも事欠くようになり家賃も滞納。とうとうアパートを追い出され、二〇歳のとき、ホームレスになってしまいました。

ホームレス生活の拠点は新宿の中央公園でしたが、人生はどこでどうなるかわからないものです。ここで私は人生初のメンターとなる初老の男性と運命的な出会いを果たします。

男性は年商数十億円の会社を経営していましたが、知人の連帯保証人になったせいで一気に奈落の底まで落ちてしまい、会社は倒産。家族とも離れ離れになり、ホームレスになったという経緯がありました。しかし、元来はやり手の経営者ということもあり、私に人生観や価値観が変わる大切なことをたくさん教えてくれました。

そしてある日、私に一冊の求人雑誌を手渡してくださり、「キミはまだ若いからいくらでもやり直しがきく。だから、早くここから出ていきなさい」と言って、ホームレス生活との決別を促してくれたのです。

その後、私はある建設会社の創業に関わり、その会社の営業マンとして、支店展開も兼ねて販路拡大、普及活動をするようになりました。

といっても、営業はまったくの未経験。ずぶの素人です。自己流で営業するしかなく、一日一〇〇件の飛び込み営業を連日のように繰り返しました。

すると、純情でまっすぐな性格が幸いしたのか、謙虚で誠実な対応が功を奏したのか、おもしろいように契約がとれるようになり、入社して一年後くらいにはオーナーから会社を任せられるようになりました。まだ二一歳のときです。

ほどなくして、新宿にしっかりとしたオフィスが構えられるほどに業績が伸び、従業員一〇〇名、首都圏に四支店を展開する企業にまでなりました。そして、ついには年商一〇億円の企業にまで成長させます。

その後、社内でちょっとした内紛があったため、オーナーと私は退陣して新会社を設立。二五歳のときに代表取締役に就任し、数年後の株式上場をめざし、年商二〇億円の企業にまで発展させることに成功するのです。

ホームレス生活と決別してわずか五年ほどの間で、なぜここまでやれたのか？

それは先ほどもお伝えしたように、とにかく実践（行動）を繰り返し、そこから学んだことを知恵として生かしつづけたからにほかなりません。

本を読んだら、こんなことが書かれていた。
それに沿って行動したら、失敗した。
でも、失敗からこういうことを学んだ。ひとつ、いい勉強をした。
次はこれを教訓として生かそう。

この姿勢を貫き通したからこそ、短期間で成果を出すことができたのです。

Key Point 実践を繰り返せば、そのうち風向きは変わる

人生のレールは自分で敷く

最近、ある人から「積極的に行動して失敗しても、折れることなく起き上がろうとする稲村さんのその原動力は何ですか？」という質問をされたことがありました。

そのとき、私は「何事もあきらめなかっただけです。その根底にはハングリー精神しかありませんでした」と返答しました。

なんだか、昭和の成功哲学本に書かれてある文言みたいですが、このハングリー精神を私は今でも大切にしています。

ところが、最近の若い人たちを見ていると、ハングリー精神が失せているような気がしてなりません。成人してからも親と一緒に暮らし、家にお金を入れるどころか、困ったことがあると資金援助を受ける……。要するに、精神的自立・物質的自立ができていないのです。

しかし、私は違いました。一〇代のときに親元を離れて上京。以来、絶えず「親を越えてみせる！」という強い思いがありました。

「親を越えるには、親の収入の倍は稼げる人間になろう。そうすれば親も文句は言えまい」と考えていたのです。

それが私のハングリー精神、言い換えると、行動して失敗しても、折れることなく起き上がろうとする原動力になっていたのです。

もっと言わせていただくと、私は他人から価値観を押しつけられるのが大嫌いでした。祖父は法律家、父親は司法書士という家系で育ったこともあり、周囲から「いずれ徹也も同じように……」と期待されることに反発し、他人に自分の人生のレールを敷かれてたまるか！という思いで生きてきました。

自分の人生のレールは自分で敷くもの。他人が敷くものではない――その信念は今も変わらないし、それが私のハングリー精神の土台となっているのです。

Key Point

ハングリー精神があるからこそ、失敗しても起き上がれる

成功から一転！
再び底辺へ……

話を戻しましょう。新会社を設立し、年商二〇億円の企業にまで成長させることができた私でしたが、「禍福は糾《あざな》える縄の如《ごと》し」とはよく言ったもの。三〇歳のとき、大きな試練に見舞われました。まさしく、「苦難」です。

その少し前から、オーナーとの間で確執があったり、ＩＴバブルの崩壊の影響もあり会社の収益が悪化。しまいには銀行の貸し渋りに遭い、倒産してしまったからです。

自分名義の借金もたくさんありましたが、ここで挫折してしまっては、今までの苦労はすべて水の泡。何が何でも再起を図るしかありません。

そこで数か月後、建設業と人材教育業を主体とした新しい会社を私は設立しました。以来、「夜討ち朝駆け」と言わんばかりに、寝る暇も惜しんで死に物狂いで働きました。その甲斐あって、億単位の年商をあげる複数の会社を経営するなど、再び上昇気流に乗ることができ、二〇〇七年には自分名義の借金全額を返済し終えることができたのです。

これこそが、「苦難福門」と言うのでしょう。

ところが……。二〇一九年に入ると、さらなる大きな試練が私に襲いかかってきました。一緒に仕事をしていた腹心の仲間が、着服・横領・恐喝・私文書偽造・詐欺《さぎ》などの悪質な行為に及び、人脈・顧客から資金に至るまでの大半を持っていってしまったのです。まさかまさかの裏切り行為です。

これだけでも大きな打撃ですが、それに追い打ちをかけるかのように、今度は自分の身体に異変が起こりました。

左半身が麻痺《まひ》して動かなくなってしまったのです。そう、脳梗塞の発症です！

このときばかりは、さすがに「もう、オレの人生はおしまいかもしれない」と思わざるをえませんでした。

Key Point 禍福は糾える縄の如し

行きつくところまで行って悟ったこと

成功哲学で有名なアメリカの思想家ジョセフ・マーフィーは、次のような金言を残しました。

「幸運のクッションに座っているあいだに、人は眠りこけてしまう。こづかれ、責められ、打ち負かされ、苦しめられているときに、人は何かを学ぶ好機を与えられている」

私がそれを身をもって感じたのは、脳梗塞で倒れ、三か月の療養生活を送っているときでした。

「なぜ、腹心の仲間に裏切られたのか……。脳梗塞になってしまったのか……」

そのことを自問自答していくうちに、自分の意識に問題があったことに気づきました。

「よくよく考えてみると、この数年、自分は正しい人を採用してこなかった。経営者として、人を見る目がなかったからだ」

「リーダーとして正しい決断、正しい行動ができなかった。裏切りにあったのは、そのせいだ」

「会社を大きくしたいとの思いから、採用基準を設けず、『来るもの拒まず』で人を採用し、従業員の意見よりも、会社を伸ばすことばかりに集中していた。だから、身体をいたわろうともしなかった。そのツケとして脳梗塞を発症したのだ」

マーフィーが言う「何かを学ぶ好機」とはこのことなのでしょう。要するに、我欲に満ちていた自分に気づいたのです。

そうしてこれまでの行いを反省するいっぽうで、懸命なリハビリを行ったところ、三か月後には杖なしで普通に歩けるようになり、見事、再起を果たすことができたのです。まさしく奇跡の復活です。

Key Point

打ち負かされ、苦しめられているときこそ、何かを学ぶ好機

我欲があると成功は一過性で終わる

ほどなくして、今度は二つめの「何かを学ぶ好機」に遭遇します。

倫理法人会との出会いと入会です。

倫理法人会とは、経営者の自己革新を図り、心の経営をめざす人々のネットワークを拡げ、共尊・共生の精神に則った健全な繁栄を実現し、地域社会の発展と美しい世界づくりに貢献することを目的とした団体です。

私は中野区の倫理法人会に入会したのですが、この中野区倫理法人会で毎週水曜日の早朝に開催されるセミナーに出席するなどして、倫理の教えにふれるにつれ、ここでも大いなる反省を余儀なくされました。

倫理法人会では「企業に倫理を、職場に心を、家庭に愛を」をスローガンに、まず経営者自身が倫理を学び、活力に満ちた人間に変わることで、社員が変わり、社風までが変わることを説いています。しかし、私の場合、そのスローガンが欠けていることに気づいたのです。いや、真逆だったと言ってもいいでしょう。

もう少し具体的に言うと、「企業に倫理を、職場に心を、家庭に愛を」がないのは意識レベルが低い証拠。会社は経営者の器以上に大きくはなりませんから、誰でも採用したり、自分には人を育てる力があるとうぬぼれている社長の下では、過去の二度の成功が一過性で終わってしまったのも不思議ではなかったことを思い知りました。きちんと採用基準を作り、「正しい人と仕事をする」「実力のある人と仕事をする」ことが大切なのです。

こうして私は再々出発を切り、正しい採用をできるようになって、今日に至るわけですが、必要なときに必要な情報やお金が入ってきたり、応援・協力してくれる多くの人たちと出会えたおかげで、再び仕事が順調にいっているのは、意識レベルが少しは高くなったからなのでしょう。

総じて、運の良し悪しは意識レベルによって決まる、と言っていいと思うのです。同じ環境下において、同じ条件で、同じ行動をしても、結果に雲泥の違いが生じる場合がありますが、これこそまさしく意識レベルの差によるものというのが、私の行き着いた結論なのです。

Key Point 運の良し悪しは意識レベルによって決まる

意識レベルが高いと人生の好循環サイクルが始まる

では、なぜ運の良し悪しは意識レベルによって決まってしまうのでしょうか？
意識レベルが低いと、どうして結果に雲泥の差が生じてしまうのでしょうか？
それには、〝人生の循環サイクル〟が大きく関係していると私は考えています。
人生の循環サイクルというのは、次のようなものです。

①意識→②認識→③決断→④行動→⑤結果→⑥気づき→⑦変容→⑧選択→⑨経験→⑩知恵→⑪新たな意識

ここで重要なのは、①の意識レベルが高いと、②以降がプラスの連鎖反応を起こして好循環が始まりますが、①の意識レベルが低いと、②以降がマイナスの連鎖反応を起こして人生がどんどんマイナスの方向に傾いてしまうことです。

いわゆる運のいい人・悪い人、成功する人・しない人に分かれるのはこのためです。

この点についての理解を深めていただくために、人生の循環サイクルをライフワークに置き換えて説明していきましょう。

まずは意識レベルが高く、人生サイクルの好循環が始まるケースから見ていくと、ある人が「クリエイティブな仕事をしたい」と思っていたとします。これが①の意識です。「クリエイティブな仕事をしたい」という意識でいると、そのことにアンテナを張りめぐらせるようになるため、情報に敏感になります。これが②の認識です。このケースで言うと、「ネットの求人サイトで、複数のデザイン会社がデザイナーを募集しているのを知る」ことなどが、これに当てはまります。

そして、その人はA社に面接に行こうと考え（③の決断）、面接に行き（④の行動）、実際に採用が決まり、A社で見習いのデザイナーとして働くようになります（⑤の結果）。

こうしてA社で働くこと一年。頑張って仕事をしたけれど、自分にはデザイナーとしてのセンスがあまりないように思い始めます（⑥の気づき）。

ほどなくして、短い言葉で物事を表現するほうが向いているように思えてきたので、デザイナーではなくコピーライターとしてやっていこうと考え（⑦の変容）、A社を退職してB社に入社します（⑧の選択）。

そのおかげで、コピーライターとしてのキャリアを積むことができ（⑨の経験）、どういうコピーが人の琴線にふれるかがわかるようになります（⑩の知恵）。

そして、それを武器にフリーランスの世界で生きていこうと考え始めるようになります。これが⑪の新たな意識なのです。

以上、述べたことを改めて整理してみましょう。

①意識↓クリエイティブな仕事をしたいと思う
②認識↓求人サイトで複数のデザイン会社がデザイナーを募集しているのを知る
③決断↓A社に面接に行こうと考える
④行動↓A社に面接に行く
⑤結果↓A社に就職が決まり、見習いのデザイナーとして働くようになる
⑥気づき↓デザイナーとしてのセンスがないことに気づく
⑦変容↓コピーライターとしてやっていこうと決意を新たにする
⑧選択↓B社にコピーライターとして再就職を果たす
⑨経験↓コピーライターとして経験を積み、スキルアップを図る
⑩知恵↓どういうコピーが人の琴線にふれるかがわかるようになる
⑪新たな意識↓フリーランスの世界で生きようと考え始める

いかがでしょうか？　人生サイクルの好循環が起こることで、少しずつですがステージが上がっていくことがおわかりいただけたのではないでしょうか。

Key Point　プラスの連鎖が起こると、人生のステージも上がる

意識レベルが低いと人生の悪循環サイクルが始まる

今度は逆に、意識レベルが低いために、人生サイクルの悪循環を起こしてしまうケースを見ていきましょう。

ある人が「楽して大儲けできる方法はないかなあ」と思っていたとします（①の意識）。そういう意識でいると、やはりそうしたことにアンテナを張りめぐらせたり、同じ考え方をしている人と接しやすくなります。これが②の認識で、ここでは「知り合いから、簡単に高収入が得られるという危うい儲け話を勧められた」としておきましょう。

そこで、その人は会社を辞めて、その儲け話に乗ろうと考え（③の決断）、実際に会社を退職して、その仕事を始めたとします（④の行動）。

ところが、もちろんいっこうに儲かりません（⑤の結果）。結局、儲かるのは親玉だけ。だったら、もうこんなわけのわからない仕事はやめようと考え（⑥の気づき）、楽して儲かる別の方法はないかと頭をめぐらせます（⑦の変容）。

すると、別の知人から異なる儲け話を持ち掛けられ、それに乗り（⑧の選択）、いつのまにか架空の投資話で他人のお金を騙《だま》し取るような悪いビジネスの片棒を担いでしまいます（⑨の経験）。結果として、意図せず人を騙すテクニックを身につけてしまいます（⑩の知恵）。

そこで反省して、人生をやり直そうとすればよいのですが、楽して大金を手にすることに味をしめたその人は、さらに別の方法で人を騙して、お金をかすめとることを考えるようになる……。これが、⑪の新たな意識です。

これも整理すると、次のようになります。

①**意識**↓楽して儲けたいと思う
②**認識**↓知り合いから高収入が得られる儲け話があると勧められる
③**決断**↓会社を辞め、その儲け話に乗ろうと考える
④**行動**↓実際に会社を辞め、新しい仕事を始める
⑤**結果**↓いっこうに儲からない
⑥**気づき**↓結局、儲かるのは親玉だけなので、やめようと考える
⑦**変容**↓楽して儲かる別の方法に頭をめぐらせる
⑧**選択**↓異なる儲け話を持ち掛けられ、それに乗る

⑨経験↓他人のお金を騙し取るビジネスの片棒を担いでしまう
⑩知恵↓意図せず人を騙すテクニックを身につける
⑪新たな意識↓反省することなく、さらに別の方法で人を騙してお金をかすめとることを考える

いかがですか？　これこそまさに人生サイクルの悪循環――負のスパイラルだとは思いませんか？


そして、この人生の循環サイクルで重要になってくるのは、⑦の変容の部分です。

前者の場合、デザイナーとしてのセンスがないことに気づいたため、コピーライターとしてやっていこうと決意を新たにします。これを私は〝パラダイムシフト〟であると考えています。

パラダイムシフトとは、考え方や価値観が劇的に良い方向に変わることを言いますが、デザイナーからコピーライターへ転身を図ろうとすることは、その典型と言っていいでしょう。

これに対して後者の場合はどうかというと、パラダイムシフトではなく〝ループ〟であ

ると私は考えています。ループとは輪を意味しますが、グルグル回るということから、同じことを何度も繰り返す場合にも用いられます。

楽して儲けたいという意識レベルには何ら変わりなく、楽して儲かる別の方法に頭をめぐらせるだけ。要はマイナスの堂々めぐりを繰り返すだけで、人生のステージが上がってはいかないのです。いや、むしろ下がってしまうと言っていいでしょう。

運の良し悪しは意識レベルによって決まってしまう。意識レベルが高いか低いかで、人生の循環サイクルは好循環にもなれば悪循環にもなる。その理由が、これでおわかりいただけたのではないでしょうか？

では、いかにすれば意識レベルを高めることができるのか？ そのためのノウハウを、あますことなくお伝えしていこうというのが、本書のいちばんの目的なのです。

Key Point 人生のパラダイムシフトも、人生のループも意識次第

あなたの意識レベルは高いか？　低いか？

ここまでお読みいただいたあなたは「自分の意識レベルはどうなのだろう……」と思ってはいないでしょうか？　実はそれを知るためのとっておきの方法があります。何だと思います？　それは、普段あなたが口にしているセルフトークです。

「言葉には思いが移入される。その人が発する言葉には、その人の思いが凝縮されている」

これはアメリカの哲学者でもあり宗教家でもあるジャック・アディントンの言葉ですが、言葉はその人の心、ひいては人生全般に底知れない影響を与えているからです。

つまり、意識レベルの高い人はプラスのセルフトークを多く口にし、低い人はマイナスのセルフトークを多く口にする傾向があるのです。

そこで、あなたの意識レベルが高いのか、それとも低いのか診断を行ってみたいと思います。やり方は至って簡単。プラスのセルフトークとマイナスのセルフトークの例を記載しますので、自分がよく口にする言葉に似ているものにチェックをつけてください。

【プラスのセルフトーク・チェックリスト】

□きっとうまくいく。
□大丈夫、なんとかなる。
□楽しいなあ。
□今日の午後はプレゼンがある。よし、気合いを入れて頑張ろう。
□今日も調子がいい。
□未来は明るい。
□まだ若いからできる。
□そこが、あいつのいいところなんだよな。
□それはありがたい。
□時間を作ってやってみよう。

【マイナスのセルフトーク・チェックリスト】

□どうせ、うまくいかないだろう。
□不安だなあ。

□つまらないなあ。
□今日の午後はプレゼンか。憂鬱《ゆううつ》だなあ。
□今日もだるい。疲れた。
□先々が不安だ。
□もう年だからできない。
□そこが、あいつの悪いところなんだよな。
□そんなの当たり前だ。
□時間がないからできない。

Key Point 普段自分が口にするセルフトークで意識レベルがわかる

意識レベルを上げるために四つの思考を養おう

さて、診断の結果はいかがでしたか？　失礼を承知で言わせていただくと、おそらくプラスのチェックリストよりもマイナスのチェックリストに該当するセルフトークのほうが多かったのではないでしょうか？

ともかく、プラスであれマイナスであれ、これらのセルフトークには自分の思いが凝縮されていて、それによって今の自分の意識レベルがわかるのです。そう思ってください。

では、核心に迫りましょう。意識レベルを高めるためにはどうしたらいいのでしょうか？

私は長年にわたってこの課題に取り組み、実際にゼロからスタートして大成功をおさめた人たちの生きざまや性格分析などを行いました。その結果を体系化したところ、「四つの思考」を養う必要があることを突き止めました。

四つの思考とは、次のようなものです。

一．夢向思考（夢を描き、夢に向けて邁進《まいしん》しようとする気持ち）
二．明活思考（明るく朗《ほが》らかに前向きに生きようとする気持ち）
三．楽働思考（生きがい・やりがいをもって仕事に取り組もうとする気持ち）
四．愛善思考（人を幸せにしようとする愛と善意に満ちた気持ち）

なぜ思考かというと、思考は哲学では知性の働きを指し、心理学では心の働きや機能を指すことから、意識の大元にあたると考えたからです。

そして、この四つの思考を養うことこそが、私のようにど底辺・どん底から這い上がり、成功をおさめるための土台となるのです。

Key Point　夢向思考・明活思考・楽働思考・愛善思考は成功の土台となる

現代社会、生きるのは難しくないが、生き抜くのは大変！

私は先ほど、「自分の人生のレールは自分で敷くもの。他人が敷くものではない」と言いました。ただ、そのレールの上を走るためには何が必要でしょうか？

それは車輪です。それも車のように車輪が四つあったほうが、安定感があります。

もしその車輪の大きさが均等でなかったり、いびつだったりしようものなら、レールの上を正しく走ることができません。それどころか、脱線してしまう可能性があります。

つまり四つの思考こそが、四つの車輪の役目を果たしてくれるのです。そしてそのためには、どの思考もいびつでなく均等な形にする必要があります。そうすれば、無理なく、自然体に、何事もポジティブに考える習慣が身につくようになります。

困難やどんなに厳しい状況に直面しても、けっしてあきらめることなく、的確に決断・行動できるようになり、反省すべき点は学びを通して、新たな知恵として、今後の人生に生かせるようになります。

したがって、たとえ今は底辺にいたとしても、成功しないではいられなくなるのです。

そう、たとえ今はゴキブリのように地べたを徘徊していたとしても、ワシやタカのように自由に大空を羽ばたけるようになるのです。

生活が豊かで便利になった今日、ただ生きていくだけであれば、それはさほど難しくありません。でも、同時に激動の社会でもあるため、有意義に人生を生き抜くのは大変です。しかし、四つの思考を養えば、生き抜くことがそれほど苦ではなくなります。むしろ「なすべきときに、なすべきことをしている」という充実感や満足感を満喫できるようになり、生き抜くことが楽しくなります。

だとしたら、今からでも遅くはありません。あなただけの人生のレールを敷き、頑丈で、ちょっとやそっとでは壊れない車輪で、成功をめざして走り出そうではありませんか。

そうなるための最速・最短の方法として、夢向思考、明活思考、楽働思考、愛善思考をどう養っていけばいいのかを、次章から詳しく述べていきたいと思います。

Key Point　四つの車輪で人生のレールを走行しよう

第二章

夢向思考を養う

人間だけに与えられている
この「特権」を存分に生かそう

幕末、天皇を中心とした国家の統一を説いた吉田松陰という思想家がいました。松陰が主宰する松下村塾《しょうかそんじゅく》からは、高杉晋作をはじめ伊藤博文、山県有朋《やまがたありとも》など、幕末から明治にかけて活躍する多くの逸材が輩出されました。しかも、彼らの大半は下級武士だったため、松陰は難しいことはいっさい教えなかったとされます。それにもかかわらず、なぜ彼らは近代日本を築く逸材となりえたのでしょうか？

それは、松陰が夢を描くことの大切さを説いたからにほかなりません。

夢や願望があれば、人生に大きな張り合いが生まれるようになります。

人生に張り合いが生まれれば、毎日が楽しくなります。

未来に対して希望が持てます。

それにより積極的に行動できるようになります。

要するに、イキイキとしてくるため、それが意識にも好影響を及ぼすわけです。

「夢見ることができれば、それは実現できる」

これはあのディズニー・リゾートを設立したウォルト・ディズニーの言葉ですが、その通りと言っていいでしょう。

馬車よりも速く走れる乗り物に乗りたいという思いが、車の誕生につながりました。

遠い場所で離ればなれに暮らしていても、いつでも好きなときに会話をしたいという思いが電話の誕生につながりました。

自宅にいても簡単にラーメンが作れ、食べられたらいいなあという思いがインスタントラーメンの誕生につながりました。

こうした「〇〇したい」という思い、すなわち夢を描く能力は、ほかの動物には備わっていません。

いや、ほかの動物のみならず、ＡＩ（人工知能）ですら、夢を描く能力は持ち合わせていないと言っていいでしょう。

ＡＩは物事を処理したり、生産性の向上に人間以上の優れた能力を発揮してくれるのは確かです。しかし、ロケットよりも速い、たとえば光速と同じような乗り物があればいいなあと考え、それを作り出してくれるかといえば、現段階においては絶対に不可能です。

むしろ、それが可能になれば、ＡＩが反乱を起こすなどして映画『ターミネーター』のような恐ろしい世界になってしまいます。

それならば、あなたにしかない、私にしかない、人間だけに与えられている特権を存分に生かしませんか？

あなたならではの夢・願望を掲げませんか？

夢向思考を養うためには、まずはこの人間ならではの特権を存分に生かすことです。吉田松陰も次のように述べています。

「夢なき者に理想なし。理想なき者に計画なし。計画なき者に実行なし。実行なき者に成功なし。ゆえに、夢なき者に成功なし」

Key Point　夢なき者は成功できない

夢・願望を軽視していないか

ところが、世の中を見渡すと、夢や願望がかなわないと言って嘆く人が圧倒的に多いような気がしてなりません。なぜでしょうか？

私の師匠の一人で、ビジネスコンサルタントの権威ブライアン・トレイシーは、その理由として次の四点を挙げています。

①夢・願望を軽視している
②何を掲げていいかわからない
③失敗を恐れている
④周囲の目を気にしている

これらの解消策について、私の持論をお伝えしましょう。

まず一つめの「夢・願望を軽視している」から見ていくと、アメリカのベストセラー作家で経営コンサルタントのスティーブン・R・コヴィーは、著書『七つの習慣』の中で、「人間は以下の四つの領域の中で考え、行動している」と述べています。

第一領域：緊急で重要なもの
第二領域：緊急であって重要ではないもの
第三領域：重要であって緊急ではないもの
第四領域：緊急でもなく重要でもないもの

第一領域の「緊急で重要なもの」とは、たとえば「出版にあたり、原稿修正の締め切りが近い」といったようなことです。

第二領域の「緊急であって重要ではないもの」とは、たとえば「ロバート・キヨサキ氏の動画を撮るにあたり、シナリオ作りをしなければならない」などがあたります。

第三領域の「重要であって緊急ではないもの」とは、たとえば「一年後の一〇月に、『お金の増やし方大全』のロバート・アレン氏と、『金持ち父さん貧乏父さん』のロバート・キヨサキ氏を日本にお呼びして、幕張メッセで一万人を動員するセミナーを開催したい。なので、会場を確保しておく必要がある」といったようなことです。

第四領域の「緊急でもなく重要でもないもの」とは、数年前の私の場合で言うと、「一年以内にすばる舎で商業出版の本を出したい」といったことです。

そこであなたにお尋ねしますが、第一領域の「緊急で重要なもの」や第二領域の「緊急であって重要ではないもの」ばかりに目を奪われてはいませんか？　その結果、第四領域の「緊急でもなく重要でもないもの」まで意識がまわっていないのではないでしょうか？

でも、その第四領域の中にこそ、本当は自分がいちばんやりたいことが潜んでいたりするものなので、ここは思い切って、第一領域の「緊急で重要なもの」の次に第四領域の中味を重視することで、夢・願望をいつも意識してはどうでしょうか？（次ページ図参照）

私の場合が、まさにそうでした。「いつか、本を出したい」という思いを、いつも意識するようにしたからこそ、出版セミナーに参加したり、原稿を書きためるなどして、こうして作家としても活動できるようになれたのです。さらに現在は、出版企画からブランディング、コンテンツ作成、出版セミナーなど、出版プロデューサーとしても活動することができています。

Key Point　夢・願望をいつも意識する状態にする

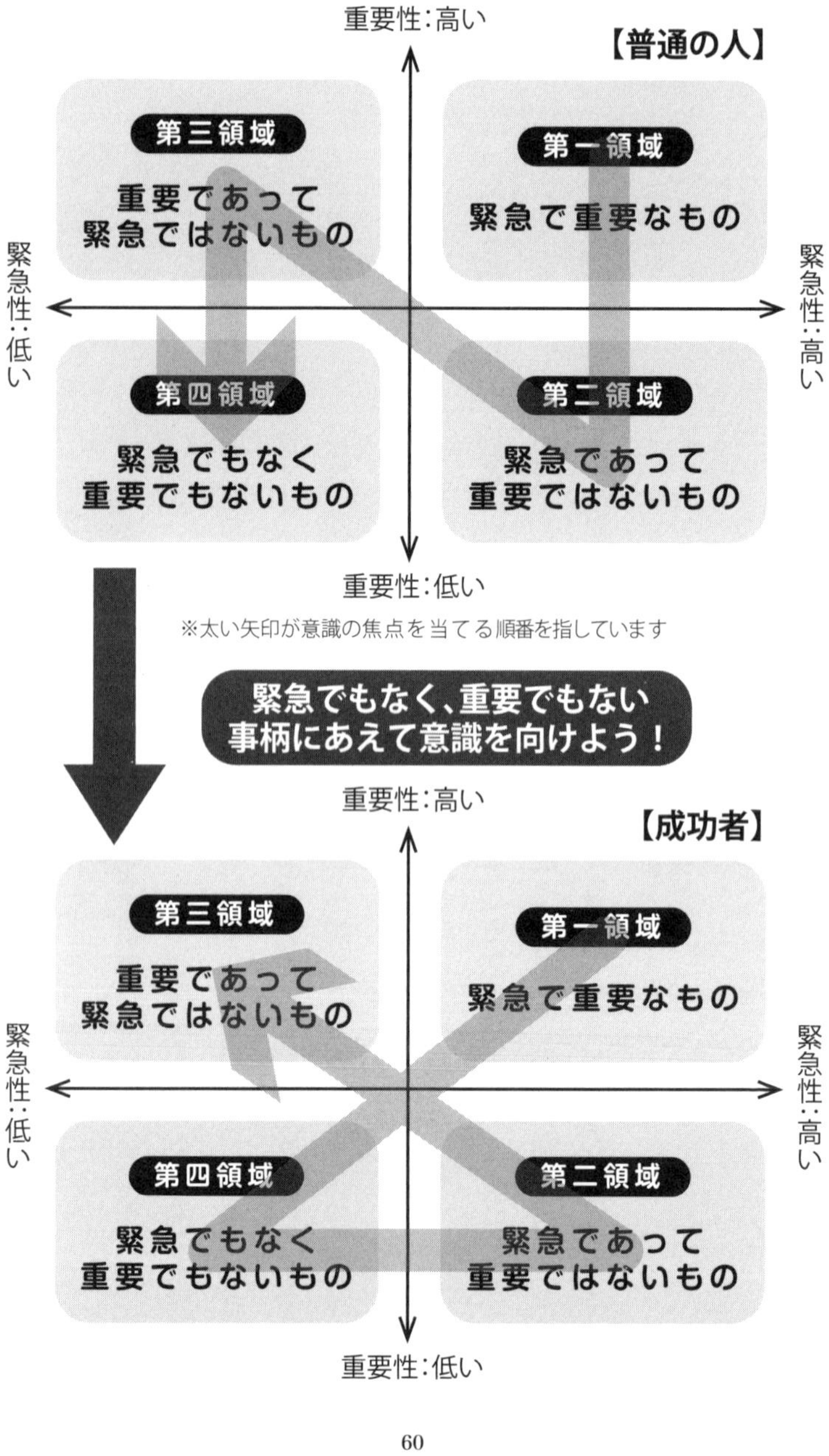
重要性:高い
【普通の人】
第三領域
重要であって
緊急ではないもの
第一領域
緊急で重要なもの
緊急性:低い
緊急性:高い
第四領域
緊急でもなく
重要でもないもの
第二領域
緊急であって
重要ではないもの
重要性:低い
※太い矢印が意識の焦点を当てる順番を指しています
緊急でもなく、重要でもない
事柄にあえて意識を向けよう!
重要性:高い
【成功者】
第三領域
重要であって
緊急ではないもの
第一領域
緊急で重要なもの
緊急性:低い
緊急性:高い
第四領域
緊急でもなく
重要でもないもの
第二領域
緊急であって
重要ではないもの
重要性:低い

夢・願望を「思う」ことと「誓う」ことは違う

しかし、夢・願望を意識するだけでは不十分です。なぜなら、「思う」ことと「誓う」ことは、根本的に質が違うからです。

卑近な例を出しましょう。ある起業家が、起業することを願っています。しかし「個人事業主にしようか、それとも法人として会社を設立すべきだろうか？」と迷っていて、どう行動していいかわからず、事業計画書の作り方もわかりません。

これはもう、夢・願望を軽視しているのと同じで、そのままでは結果が出せないのは目に見えています。

しかし、「いついつまでに法人として会社を設立する」と決意し、それを周囲に公言すれば、自分自身に対して誓約したことになるため、真剣にならざるをえなくなります。

法人を作るにはどうしたらいいかと計画を立て、起業家の友人や先輩、あるいはメンターを見つけて指導を仰ぐ、経営コンサルタントに相談する、起業セミナーや商工会議所、倫理法人会などに参加して経営者としての行動を勉強する等々、将来の可能性に向けての行動に積極的になるでしょう。

結果として、「自分の会社を持ち、好きなように経営する」という夢や願望を実現しやすくなるのです。

もうおわかりですよね。「思う」だと、何となく漠然としたイメージでぼんやりした感じですが、「誓う」になると、がぜん現実味を帯びてきます。

しかも、他人に公言すれば、引くに引けなくなります。「やるしかない」という状況に自分を追い込むことで、否が応でも発奮《はっぷん》せざるをえなくなります。

結果、将来の可能性に向けてあらゆる手段を使ったり、自分の持てる力をフルに発揮するなどして、夢・願望がかなうようになるのです。

Key Point　夢・願望を他人に公言しよう

夢・願望がわからない人は「もううんざり・リスト」を作る

夢や願望がかなわないと言って嘆く人の二つめの問題点は、何を掲げていいかわからない、つまり夢・願望が何であるかわからないことです。

その種の相談を受けたとき、私は決まって「もううんざり・リスト」の作成を勧めるようにしています。

「もううんざり・リスト」とはその名の通り、うんざりしていること、すなわち、やりたくないことや我慢していることなどを書き出すことを言います。

そのうえで、「じゃあ、どうすればその問題が解決できるか」を考え、答えを導き出せば、自分が心の底から望んでいる夢や願望が見えてくる場合がしばしばあるからです。

たとえば、壁が極端に薄いアパートに住んでいて、「いつも音を立てないか注意して、自分の部屋なのにひっそりと生活するなんて、もううんざりだ」と思っているなら、壁の厚いアパートやマンションに引っ越すことが、問題の解決策になります。

「スマホはいつも格安契約のスマホだ。毎月の通信量にビクビクしながら暮らすなんて、もううんざりだ」という人は、通信量無制限の契約に切り替えることが問題の解決策になります。

工場で部品を作りつづけている経営者もしかり。「下請けばかりやりたくない。もう、うんざりだ」と思うのであれば、イノベーション感覚を身につけて独自の商品を開発することが、問題の解決策につながることもあります。

言い換えると、今はできないけど近い将来してみたいこと、頑張れば達成できそうなことなどを書き出していけばいいのです。

おおげさに考え、可能性がゼロに近い破天荒なことを書き出す必要はありません。

ともかく、そうやってリストを作成していけば、自分が心の底から望んでいるものが見えてきます。それが、あなたの夢・願望なのです。

Key Point やりたくないことや我慢していることを書き出そう

失敗しなければ夢・願望は実現しない

唐突ですが、私にはみなさんに自慢できることが一つだけあります。何だと思いますか？それは、失敗の数です。

一章でもお伝えしたように、プロのロックミュージシャンをめざしたものの、あえなく挫折。これはもう失敗の典型です。

その後、起業して、会社を年商二〇億円の規模にまで育てあげるも、経営が悪化して億単位の借金を抱え倒産。これも失敗です。

再起を果たして新しい会社を設立するも、仲間に裏切られる。これも失敗です。

これらはほんの一部で、小さな失敗などを数え上げたら、それこそキリがありません。ここまでいくと、もう失敗のオーソリティーと言っていいでしょう。まあ、それでもエジソンにはかないませんが（笑）。

こんな話をしたのはほかでもありません。夢や願望がかなわないと言って嘆く人の三つめの問題点は、失敗を恐れることなのですが、「失敗は何かをするときに生じるごく当たり前の現象である」ということを言いたいからです。

これは車の運転にたとえて考えてみると、わかりやすいと思います。

車を運転すれば、必ず信号に出くわします。青信号であればそのまま走行できますが、赤信号のときは止まらなくてはなりません。

たった数キロの走行であっても、一度や二度くらいは必ず赤信号に出くわし、停止（停車）を余儀なくされます。長距離運転ならなおさらのこと、何十回も赤信号に遭遇します。

要はそれと同じで、夢・願望の達成に向けて行動を起こしたとき、失敗はつきものなのです。言い換えれば、「人生ロードの信号機」のようなものだと考えてほしいのです。

逆に言えば、失敗を犯さなければ、人生ロードを走行したことにはならず、何の進展もないため、夢や願望が実現の日の目を見ることもないのです。

しかし、だからといって、ひとつの夢・願望の実現のために、何度も失敗していては効率的ではありません。

これも車の運転にたとえて考えてみるとわかりやすいと思います。

「この前、A地点からB地点に行くとき、この道路を通ったら信号が多いことに気づいた。

しかも、この道路はよく渋滞するみたいだ」

こういうとき、あなたならどうしますか？ 私なら経験を教訓にして、信号や渋滞が少なそうな別のルート（道路）を探します。そうすれば、次回はA地点からB地点によりスムーズに行くことができます。

要するに、失敗を失敗のままで終わらせるのではなく、教訓――知恵として生かして、その先の失敗の回数や確率を下げていくようにするのです。

ビル・ゲイツも次のように述べています。

「成功を祝うのはいいが、より大切なのは失敗から学ぶことだ」

Key Point　失敗は人生ロードの信号機

他人は過去のデータでしかあなたを判断していない

夢や願望がかなわないと言って嘆く人の四つめの問題点は、周囲の目を気にすることです。

なぜ、周囲の目を気にするのか？　それは否定（反対）されたり、笑われたりすることを恐れているからにほかなりません。

まず、前者の否定（反対）から見ていくと、彼らの大半はこんな言葉を口にします。

「それは無理。不可能というものだ」

「キミにはできっこない。世の中、そんなに甘くはない」

「ちょっと無謀すぎる」

これらの否定（反対）意見にはひとつの共通点があります。それはいずれも、過去の自分に対する評価であって、未来の自分に対する評価ではないということです。

そう、ここが重要なポイントで、今まさに夢・願望の実現をめざして〝これからの自分〟になろうとしているのに、〝過去の自分〟を引き合いに出されているのです。過去のデータだけで「ダメだ」と決めつけられているのです。

そこで、これからは次のように考えてみてはいかがでしょうか?

「昔の自分と今の自分は違う。あのときは、未熟で無思慮だっただけ。だから、うまくいかなかっただけのこと。

これからは違う。その数倍もの能力を発揮できるので、必ずうまくいく」

このように解釈すれば、あきらめることも折れることもなくなるでしょうし、むしろ夢・願望の達成に向けてより積極的になれます。だから、自分の力を低く見積もる必要はまったくないのです。

Key Point 自分の能力を低く見積もらない

世の常識は疑ってかかれ！

夢や願望がかなわないと言って嘆く人は、否定（反対）されるほかに、笑われたり、バカにされることも恐れています。

そういう人に私は声を大にして言いたい。


成功者たちも、最初は笑われ、バカにされていた――と。


そのいい例がお馴染《なじみ》みのライト兄弟です。彼らが〝空を飛ぶ器械〟を開発してみせると公言したとき、周囲の人たちが「あの兄弟は頭がおかしくなった」とあざけり笑ったのは有名な話です。

無線電信の開発で知られるグリエルモ・マルコーニが電波の開発にいそしんでいたとき、彼の友人たちは彼を精神病院に連れて行こうと真剣に考えたそうです。

最近の例で言えば、アップルの創業者であるスティーブ・ジョブズもそうです。

彼が自分のおばあちゃんに、パソコンを始めるように勧めたところ、おばあちゃんが「私はピンクのパソコンがほしいわ」と突拍子もないことを口にしたことがありました。

その瞬間、ピーンとひらめいたのでしょう。ジョブズが「ポップでカラフルなパソコンを開発する」と宣言したとき、アップルの首脳陣たちは呆れ果て、開いた口がふさがらなかったそうです。

しかし、ジョブズのひらめきは吉と出て、そのポップでカラフルなパソコンは大ヒット商品となりました。そう、パソコン市場に一大旋風を巻き起こした「iMac」がそれです。


この三人の共通点は何かというと、イノベーションに長けていたことです。

イノベーションとはわかりやすく言うと、今までなかった技術や方法で、業界の在り方や商品の存在意義を変えてしまうことです。

そこには必ずと言っていいほど、非常識な理論や技術が隠されていて、世界中に驚きを与え、世界を一変させる影響力があります。

したがって、夢・願望を公言したとき、あざけ笑ったりバカにしたりする人がいたら、まさしく「自分にイノベーションが起こっている」と考えてほしいのです。あざけ笑ったりバカにしたりする人は、「〇〇はこうあるべきだ」という固定概念にとらわれている可哀そうな人たち――くらいに思ってほしいのです。

固定概念にとらわれていると、定められた角度からしかモノが見られなくなるため、小さな範囲でしか物事が考えられなくなる視野の狭い人間になります。すると、発想が貧弱になり、革新的なアイデアに対して懐疑的になります。

そういう人が成功できるでしょうか？

しかし、あなたは違います。夢・願望を掲げることで、未知の領域にチャレンジしようとしています。革新的なアイデアを形にしようとしています。それはとりもなおさず、成功者の仲間入りを果たす第一歩を踏み出したことになるのです。

Key Point　イノベーションには非常識が必要

夢・願望をかなえるために今、何をやるべきか

これまでは、夢や願望がかなわないと言って嘆く人のために、その悩みの解消策をお伝えしてきました。これで、少しは自信がついたのではないでしょうか？

では、夢・願望をかなえるにあたって、当面、何から着手すればいいのでしょうか？

今、何をやるべきなのでしょうか？

その参考となる事例をひとつ紹介しましょう。

ニューヨークで保険のセールスをしている男性がいました。

いくら営業してもなかなか契約が取れません。そこで、著名な経営コンサルタントに面会を求め、アドバイスを求めたところ、こんなやり取りになりました。

「あなたの夢は何ですか？」

「全米一のトップセールスマンになることです」

「そのためには、何をするべきだと思いますか？」

「ニューヨークでトップセールスマンになることです」

「そのためには、何をするべきだと思いますか？」

「新規の顧客をどんどん開拓していく必要があります」

「そのためには、どうするべきだと思いますか？」

「でも、忙しくて、新規の顧客を開拓する時間がないのです」

「では、忙しいと嘆く前に、その時間を作り出すことですね」


経営コンサルタントからこうアドバイスされた男性は「なるほど」と思いました。

よくよく考えてみると、忙しいと言いながら、毎晩、パブでお酒を飲むなどして時間を無駄にしていることに気づいたからです。

そこで、彼は毎朝定時よりも一時間早く出社し、パブでお酒を飲むのも控えるようにしました。すると、それだけで毎日平均三時間以上の時間を作り出せるようになり、その時間を新規顧客の開拓にあてることにしました。

その結果、営業成績はみるみる上がり、半年後には支店一、三年後にはニューヨーク一、そして五年後には全米一のトップセールスマンになることに成功したのです。

この話を通して私が言いたいのは、未来から逆算すると、今やるべきことが見えてくる、ということです。

夢・願望をかなえるためには、最終課題であるAをクリアする必要がある。

そのためには課題Bをクリアする必要がある。

課題Bをクリアするためには課題Cをクリアする必要がある。

その前提として、課題Dをまずクリアしておかなければならない。

このように、夢・願望を先取りして、それをかなえるためには何をしなければならないかを順番に検討していけば、おのずと今やるべきことが明確になります。

余計なことで貴重な労力や時間を費やさないで済むようになるし、願っていることだけにエネルギーを傾注できるようになります。

「小さな目標を積み上げて、大きな最終目標に到達しよう」

これはヴァージングループの総帥リチャード・ブランソンの言葉ですが、最初はちょっと頑張れば達成できる目標を達成。次にワンランク上の目標達成をめざす……。これを繰り返すことで、少しずつレベルを上げていけば、必ず最終目標地に到達できるようになります。

ただし、時と場合によっては誤った方向に行ってしまうことがあるので、最終目的地から逆算することで今やるべきことを見つめれば、そこに一本の大きな幹線道路のようなものが敷かれるようになります。だから、横道にそれる心配もありません。

そう、この横道にそれない姿勢こそが、夢向思考を養ううえではとても大切なことなのです。

電力の鬼とうたわれた松永安左《やすざ》エ門《えもん》も次のように述べています。

「オレの現在は二〇年後のことを考えてはじめてあるのだ。ところが、世の中の人々はせいぜい、二〜三日後のことしか考えていない」

Key Point　未来から逆算すると、今やるべきことが見えてくる

高さ二メートルのバーの前に三〇センチのバーをまたぎ越そう

ところで、ちょっと頑張れば実現できる等身大の目標達成には、二つの大切な要素が含まれています。それは知識と自信（小さな成功体験）が得られることです。

私は複数収入・権利収入・副業収入構築モデルの一環として、起業家セミナーや投資セミナーを定期的に開催していますが、初心者にいきなり大きな投資を勧めるようなことは絶対にしません。

「一万円からでもできますので、まずはそこから始めてください」とアドバイスするようにしています。

なぜだかわかりますか？　リスク回避もさることながら、失敗しても、そこから教訓（投資の知識）が得られ、今後に役立つ的確な投資判断ができるようになるからです。

また、うまくいったらうまくいったで儲けもの。今度は成功体験が味わえます。成功体験を味わえば、「私だってその気になればできる」「大丈夫」という自信につながります。

「私は高さ二メートルのバーに挑まない。周囲を見渡して、またぎ越せる高さ三〇センチのバーを探す」

これは投資家として有名なウォーレン・バフェットの言葉ですが、すべてのことに当てはまると言っていいでしょう。

たとえば起業を望むならば、会社を辞めてどこかのビルの一室を借りて、株式会社を設立する必要なんてありません。現在は副業が許される時代。会社勤めをしながら、自宅の一室をオフィス代わりにしてスタートすればいいのです。

そして、うまくいかなかったら教訓が得られたと考え、それを生かすようにする。うまくいったら成功体験を味わい、自信を強めていく。

これを繰り返していけば、起業家としての資質が培《つちか》われ、いつか二メートルのバーも飛び越えられるに違いありません。

Key Point うまくいかなければ知識が得られ、うまくいけば成功体験が味わえる

夢・願望を予祝すると、あきらめようにもあきらめられなくなる

願望達成法をテーマにした本はどれもイメージングの大切さを説いています。

イメージングとは、わかりやすく言うと、自分の夢・願望がかなって喜びにひたっているシーンをありありとイメージすることを言い、「心の映画法」「図形化瞑想《めいそう》」とも呼ばれています。願望がかなったシーンをイメージすると、それが強い想念となって潜在意識にインプットされていきます。結果、潜在意識の思考を現実化させる働きによって、その通りの現象が生じるようになるというものです。

この点に関してはいちいちもっともで、何の異論もありません。しかし、私はそれだけでは満足できません。じゃあ、どうしているかというと、夢・願望を掲げたら、それを「予祝《よしゅく》」するようにしています。つまり未来の姿を喜び、先に祝ってしまっているのです。

「近い将来、自分の名前で商業出版社から本を出したい」と願ったときがそうでした。

まだ出版先も決まっていない、いつ出るかもわからないのに、親しくしている仲間を

一〇〇人以上集め、一流ホテルの宴会場で出版記念祝いと銘を打った出版講演会を開催したのです。

「稲村さん、出版おめでとうございます。素晴らしい内容の本ですね」

「ありがとうございます」

「記念にサインしてもらえますか（注　他人の本）」

「もちろんです」

ざっと、こんな感じです（笑）。

でも、これが功を奏したのでしょう。数年後、日本実業出版社から『億万長者思考』というデビュー作を出すことができたのです。


最近の例で言えば、二〇二〇年の秋、中野区倫理法人会の会長に就任したときも予祝を行いました。

当時、コロナ禍の影響で会員数が五九社にまで激減していたのですが、私は「必ず一〇〇社を達成します」と宣言。セミナー終了後、出席してくださった会員の方々全員と大声でこう唱和したのは、記憶に新しいところです。

「中野区倫理法人会、一〇〇社達成おめでとう！！　みなさんのおかげです！！」

それから実際にそうなるまでに、一か月とかかりませんでした。

これらはウソのようなホントの話ですが、それにしても、なぜ本当にそうなってしまうのでしょうか？

ひとつはイメージングの効果同様、それが強い想念となって潜在意識にインプットされていくからですが、もうひとつは「予祝」＝周囲の人たちを巻き込むことにほかならないため、後に引けなくなり、やるしかなくなるからです。

だから、問題が山積していても、困難に見舞われようとも、あきらめようにもあきらめられなくなります。心が折れようにも、折れられなくなります。

とにかく、前に進むしかありません。まさしく背水の陣！

さあ、あなたは誰とどんな予祝をしますか？

Key Point　周囲を巻き込み、楽しんでこその背水の陣

今は無二の好機！　大凶であっても、行動を起こしたほうがいい

さて、少しずつかもしれませんが、あなたにも夢に向かって進んでいこうとする希望と勇気がわいてきたのではないでしょうか？

さあ、あとは行動を起こすのみです。

しかし「よし、やるぞ」と力んだのも束の間、腰を上げないようでは元も子もありません。行動と成果は比例関係にあるからです。

中国に次のような逸話があります。

あるひなびた寒村に一人暮らしのおばあさんがいました。

五月晴れのある日、お嫁に行った娘から「孫の顔を見に遊びにこない？」という便りを受け取りました。しかし、おばあさんは「これから田植えで忙しいから……」と言って断りました。

夏になると、再び、お嫁に行った娘から「孫の顔を見に遊びにこないか」という便り

がきましたが、おばあさんは「夏は暑いから……」と言って断りました。

秋になると、また娘から同じ便りがきましたが、このときも「今はお米の刈り取りの時期で忙しいから……」と言って断りました。

やがて冬を迎え、またしても娘から便りがきましたが、今度は「冬は寒いから……」と言って断りました。

それならば桜の花が満開の時期に遊びにきてもらおうと考えた娘は、春に便りを出したところ、なんとこう言って断ってきました。

「行くつもりでいたが、廟《びょう》でおみくじを引いたら大凶が出たので、とりやめにした」

結局、おばあさんは一生、孫の顔を見ることがなかったのです。


あなたはこのおばあさんのようになりたいですか？　できない（やらない）理由を考えて言いわけをしたり、大凶を引いたら同じようにたじろいでしまいますか？

最近は「凶」や「大凶」をおみくじに入れない神社もあるようですが、私は神社で大凶や凶を引いたときは、喜び勇むようにしています。だって、これ以上、悪くなりようがないのですから。あとは這い上がるのみなのですから。

それに自分は「凶」という字が大好きです。凶の画数の三画目と四画目の「凵」という部首はウケバコと呼ばれ、植木鉢のように見えなくもありません。「メ」は「芽」。つまり、「植木鉢から芽が出る」と解釈しています。

ですから、あなたも大凶であっていい。「今は無二の好機」と考え、夢・願望の達成に向けて、早速、事を起こしませんか？

大凶は最悪の状態。ど底辺にいる証拠です。これ以上、落ちる心配はありません。むしろ、人生の植木鉢に植えた夢・願望が発芽しようとしているようなもの。あなたに必要なのは植木鉢を陽にあて、水をあげること。

そのためにも、一歩を踏み出してください。

動いてこそ、夢向思考はどんどん養われていくものなのです。

Key Point　夢が植わった「人生の植木鉢」を放置するな

あきらめなければ夢はかなうようにできている

この章の最後に、もうひとつ私の体験談を紹介させてください。

ミュージシャンになるため上京し、音楽学校に入学したものの、周囲とのレベルの違いを思い知らされ、あえなく中退したことは一章でも述べた通りですが、だからといって楽器を弾くことをあきらめたわけではありませんでした。

「プロのミュージシャンにはなれなかった。けれども、ステージに立ってギターを弾く夢はあきらめたわけではない。いつか、その夢を実現させたい」

ひそかに、そう願いつづけていたのです。

すると数年前、その夢が本当に実現しました。二〇一七年の六月、『お金を稼ぐ人は何を学んでいるのか？』（きずな出版）という拙著の出版記念講演会を行った際、講演の後、ライブを行うことができたからです。

そう、講演とライブのコラボです。バックを務めてくれるミュージシャンは私以外、全員プロ。だから、私のギター以外（笑）、演奏は完璧。集まってくださった方々は六〇〇人。

おかげさまで大盛況でした。

こうして意外な形で夢をかなえた私は、これからもセミナーとライブのコラボイベントを開催し、ミュージシャンとしての活動もつづけていくつもりです。

同じことはあなたにも言えます。かつて、「いつか、小説を書いてみたい」「社長になりたい」といった夢を抱いていた人もいたはずです。

だとしたら、「電子書籍で小説を出版する」「自宅でひとり起業する」など、その夢をもう一度、自分自身の手でリニューアルしてみませんか？

夢はあきらめさえしなければ、あなたの元から去って行ったりはしません。

姿・形を変えようとも、かなうようにできているのです。

Key Point　かつての夢のリニューアルを考えよう

第二章

明活思考を養う

明活に生きるからこそ人生を謳歌できる

昭和の時代の話ですが、ある心理学者がユニークな実験を行ったことがありました。「人生はつまらない。おもしろくない」といつも考えているAさんと、「人生は楽しい。愉快だ」といつも考えているBさんの二人に、喫茶店に入ってもらうことにしたのです。ただし、あらかじめ店内を満席状態にしておき、相席なら一人だけ座れるという仕掛けをしておきました。二人がどういう反応を示すかを確認するためです。

まずAさんに入店してもらい、一時間の滞在後の感想を尋ねると、不機嫌そうな表情をしながら、こんな答えを返してきました。

「店内は混んでいて、ちっともくつろげませんでした。照明も暗いし、本も読めません。もう、あの喫茶店には二度と行きたくありません」

次にBさんに入店してもらい、一時間の滞在後の感想を尋ねると、満面の笑みを浮かべながら、こんな答えを返してきました。

「店内は混んでいましたが、ボクの大好きなモーツァルトの曲が流れていて、とてもくつろげました。隣にいた人とは郷里が同じで、話がものすごく弾みましてね。また、あの喫茶店に行きたいと思います」

ひるがえって、あなたはどちらのタイプでしょうか？　Aさんに近いですか？　Bさんに近いですか？

「人生とは、その人が毎日考えるそのものになる」

これは一九世紀のアメリカの思想家ラルフ・エマソンの言葉ですが、現代にも通じるものと言っていいでしょう。

「人生とはつまらないものだ」と考えつづけていたら、つまらないことにしか目が向かなくなります。だから、人生も結局つまらなくなります。

しかし、「人生とは楽しいものだ」と考えることができれば、楽しいことばかりに目が行くようになるため、人生も楽しくなります。

仮に、楽しくないことがあっても、「楽しくなるためには、どうすればいいか」というアイデアをめぐらせることができます。そうなるための創意工夫をこらすこともできます。だから、いついかなるときも人生が謳歌できます。

後者のように生きるためには、明るく朗らかな感情、前向きになれる感情をできるだけ多くキープしておくことが大切です。

喜怒哀楽の感情の「怒哀」の部分はできるだけ減らし、「喜」や「楽」の感情を増やすように心がける必要があります。

それが明活思考の強化につながっていくと、私は考えています。

この章ではそのための方法をお伝えしていきましょう。

Key Point 怒哀の感情を減らし、喜楽の感情を増やす

成功する人はテレビを観ない

喜怒哀楽の怒哀の感情、言い換えると心の陰鬱《いんうつ》は、「自分」「他人」「社会」の三つのいずれかが作り出すと私は考えています。なかでも、意外と多いのが「社会」が作り出す陰鬱です。

本書を執筆中の二〇二一年現在の社会がまさしくそう。新型コロナウイルスの蔓延により、閉塞感がただよい、先行きに不安をおぼえる人が多かったと思います。

では、とくに日本の社会では何がそうさせたのかというと、ひとつにマスコミ――テレビの影響が大きかったのは否めません。

「今日の感染者〇〇人、重症者〇〇人……、完全失業率が〇%に悪化……」

こんなニュースを毎日聞かされれば、誰だって陰鬱になります。

しかし、成功する人は違います。陰鬱のかけらもありません。

なぜか？　ほとんどテレビを観ないからです。いや、親しくしている成功者の中にはテレビを持っていない人さえいます。

もちろん、テレビで放送される番組のすべてが悪いと言っているのではありません。ただ、ニュース番組などは基本的に暗い話題が多いのは確かです。

しかも情報の受け取り方が完全に受け身のため、「自分はこう思う」「私はこう考える」と反論のしようもありません。結果、マイナスの念を心にインプットすることになり、少なからず陰鬱になってしまうというわけです。

だとしたら、テレビを観るなとは言いませんが、ニュース番組などで暗い話題が放送されたら、ほかのチャンネルに変えるなどして、マイナスの情報を遮断するように努めてはいかがでしょうか？

明活思考を養うためには、日常生活にこうした注意を払うことも大切なのです。

Key Point　マイナスの情報はできるだけ遮断する

運のいい人・成功者と多くの時間を共にする

しかし、世の中を見渡すと、「これでもか」と言わんばかりにマイナスの情報が満ちあふれているため、テレビのチャンネルを変えるだけでは、それらを完全に遮断したことにはなりません。

ためしに新聞記事、テレビのトップニュースでもかまいませんので、ざっと目を通してみてください。マイナスの情報が実に多いことに気づくと思います。よくもまあ、これだけマイナスのネタを集めたものだと感心してしまうほどです。

これはマスコミの報道に限ったことではありません。人と会ったら会ったで、何かと暗い話題になりがちです。

「今年もボーナスが支給されないみたいだ。これじゃあ、家のローンが払えないよ」

「中年層のうつ病が増加しているみたいだ。われわれも気をつけないと」等々。

人間の脳は危険から逃れるため、本能的に悪い物事に意識が向くように配線されているらしく、これは致し方ないことなのかもしれませんが、だからといって放置したままでは余計に陰鬱になるだけです。

では、どうすればいいか？　これはもう、自分から率先してマイナスの情報を遮断し、代わりにプラスの情報――プラスの波動を吸収していくほかありません。

そのためのいちばん手っ取り早い方法は、運のいい人、成功者と呼ばれるような人と会い、多くの時間を共にすることだと私は考えています。

身近にそういう人がいなければ、そういう人たちが行っているセミナーを受講するのもいいでしょう。セミナーを受講すれば、長い時間を共有することになるため、たっぷりとプラスの波動が吸収でき、心にプラスの念をインプットすることになるからです。

私の場合で言うと、その〝格好の吸収源〟が、毎週水曜日の早朝に開催される中野区倫理法人会のモーニングセミナーです。

中野区倫理法人会は、平成元年（一九八九年）一一月一一日一一時一一分に設立した単会です。初代会長は、あの学校法人堀越学園の堀越克昭氏、副会長は山田長司氏（倫理研究所顧問）で、両氏をはじめ経済界の錚々《そうそう》たるメンバーが、杉並倫理法人会からの分家の形で立ち上げた倫理法人会でした。

初代会長の堀越克昭氏の所属母体であった堀越学園は、一九二三年に創業。学校理念としての校訓「太陽の如《ごと》く生きよう」は、現代社会でもっとも必要とされていることであり、生徒がそれぞれの個性を生かしながら成長できる学園であることを表現しているのです。太陽のように「明朗闊達《かったつ》に生活しよう」「誰からも必要とされる存在になろう」「すべての人に分け隔てなく接しよう」等々と指導しています。

その理念は和魂洋才であり、社会に出て周囲の手本となる行動がとれる人、誰からも愛される人、そして周囲の人へ感謝の気持ちを忘れない人を教育することをめざしています。生徒は無限の可能性を秘めています。そんな彼らが自己を磨き、実力をつけ、国家・社会に貢献する自覚を持った状態で社会へ送り出すのが、学園の使命でもあります。

これはまさしく、倫理法人会がめざす倫理経営でもあるのです。

一章でもお伝えしたように、倫理法人会では「企業に倫理を、職場に心を、家庭に愛を」をスローガンに、まず経営者自身が倫理を学び、活力に満ちた人間に変わることを説いています。

会員のみなさんもそれを目的に集まるため、プラスの波動に満ちています。しかも、プラスの波動に満ちた人の講話が聴けます。これらの相乗効果によって、たっぷりとプラスの波動が吸収できるというわけです。

引き寄せの法則を世界で初めて説いたアメリカの法律家、ウィリアム・アトキンソンは次のような言葉を残しました。

「特定の人の集まる場所には、集まる人たちの振動があり、同じ振動を持つ人を引き寄せる」

私が明活思考に満ちているのは、テレビをほとんど観ないこともさることながら、まさしく倫理法人会のモーニングセミナーに集う人たちの振動のおかげなのかもしれません。

Key Point プラスの波動に満ちた人が集まる場所でプラスの波動を吸収しよう

八勝七敗で勝ち越せれば上出来と考える

怒哀の感情によって心が陰鬱になる要因のひとつとして、自分という人間を厳しく査定することも関係していています。人間は自分に対して甘いところがあると言われていますが、さにあらず。実際は、意外と自分に厳しいところがあるものです。

では、どういうときに自分を厳しく査定するかというと、「完璧にやらなければならない」「努力しなければならない」と考え、それがうまくいかなかったときです。

すると「もっと、きちんとやらなければ……」という思いにかられ、自分を責め立てようとします。それでもうまくいかないと、今度は自己嫌悪に陥ります。自己肯定感も低下し、ストレスも溜まっていきます。

まさしく負のスパイラル。これでは陰鬱になるに決まっています。

そうならないために、私はよく「プロ野球で言う打率三割の打者をめざしましょう」とアドバイスすることがあります。

打率三割の打者をめざすと言われると、ハードルがものすごく高く思えますが、実は真逆で「十のうち、三割できれば上出来」という考え方です。これなら、うまくいかなくても自分を厳しく査定し、責め立てることはありません。

三割では低すぎる……と言うのであれば、大相撲の幕内力士のように勝ち越しをめざすのもいいかもしれません。大相撲の本場所は一五日間、開催されます。七勝八敗ならば負け越して番付が下がりますが、八勝七敗ならば勝ち越して番付が上がります。要するに「半分以上うまくいけば上出来」と考えるようにするのです。

そうすれば、少しくらいうまくいかないことがあっても、自分を厳しく査定することもなくなるだろうし、そのことで心を曇《くも》らせる頻度も激減していくに違いありません。

Key Point　自分を厳しく査定することはない

再就職を考えるならブラック企業が狙い目？

いきなりで驚かれるかもしれませんが、仕事で思い悩む人（主に二〇代の若者）に次のように言うことがあります。

「再就職を考えるなら、ブラック企業が狙い目ですよ」

さらに、こうも付け加えます。

「しかも、できれば近いうちに倒産しそうな会社をおススメします」

こう言うと当然ながら、みなさん唖然とした表情をしますが、これは私自身が身をもって感じたことでもあるからです。

ブラック企業には長時間労働や給与未払いがつきものです。売り上げ低迷による赤字や経営不振も同様です。ひょっとしたら、社内紛争もあるかもしれません。

どれもこれも避けて通りたいことばかりですが、私自身がそういう会社に身を置いたことで、壮絶なサバイバル体験を得たからです。そのおかげで、サバイバーとして多くのノウハウを身につけることができたのです。

つまり、経営で大切なこと、成功をおさめるために大切なこと、ピンチをチャンスに変えるために大切なことなど、多くのことが学べたというわけです。


したがって、もしあなたが今、最悪の状況にあるとしたら、そこから抜け出そうと躍起になる前に、何か学べるものがないかを考えてほしいのです。

あなたの会社の社長や上司が最悪の人なら、人生修養の相手になるくらいの気構えでいてほしいのです。

そうすれば、高額な代金を支払って下手な自己啓発セミナーに行くよりも、はるかに大きなモノが得られるし、最悪の体験が最高の武器になっていくことを痛感するはずです。

Key Point　最悪の体験は最高の武器になる

弱みはどんどんさらけ出したほうがいい

すでにお伝えしたように、私は大学を出ていません。最終学歴は高卒です。ついでに言わせていただくと、背もどちらかというと低いほうだし、海外の成功者たちとのつきあいが多い割には英語もほとんど話せません。

なぜ、あけすけにこんな話をしたかというと、弱みやコンプレックスといったものはどんどんさらけ出していったほうが、気持ちが楽になるからです。

弱みやコンプレックスを隠そう隠そうとすると、どうしてもそちらのほうに意識が行ってしまいます。ほころびが出ないように取り繕《つくろ》うことばかり考えるため、神経もすり減らします。

人としゃべっていても、どこか不自然な対応になってしまい、会話もぎこちなくなります。だから、話も弾みません。

けれども、弱みやコンプレックスをさらけ出してしまえば、自分を際立たせる必要もないし、格好つけることもありません。だから、神経をすり減らすこともなくなります。人としゃべっていても、ありのままの自分で他人に接していけます。また、人に弱みをさらけ出せば、自分の〝分〟が心得られるため、謙虚にならざるをえなくなります。それにより、相手に誠実な印象を与えることもできるわけです。

また「怪我《けが》の功名」ではありませんが、弱みやコンプレックスがときには功を奏することもあります。

この私がそうでした。金沢から上京し、ホームレス生活を経て建設会社を創業し、営業マンとして支店展開をしたことは一章でも述べました。

当時の私は方言丸出しの話し方しかできませんでした。そのため、お客様から笑われることもしばしばありましたが、結果的にそれが幸いしました。

しゃべることよりも、相手の話にじっくりと耳を傾けることで、傾聴のスキルを身につけられたからです。

言うまでもないことですが、人は誰でも自分のことを伝えたがっています。あいづちを打ちながらじっくりと話を聴いてあげれば、その欲求が満たされるため、聴いてくれている人に自然と好感を抱きます。

これは傾聴に限らず、すべてのことに共通して言えるので、弱みやコンプレックスに固執することはないのです。

それらを隠し通そうとすれば〝陰鬱の種〟にしかなりませんが、さらけ出してしまえば、心が楽になるし、仕事や人間関係に役立つことさえあります。そうすれば気持ちも明るく前向きになります。

明活思考を養うためには、是非、後者を選択したいものです。

Key Point　方言が功を奏することもある

できないのではない
単にやっていないだけ

弱みを出したついでに言わせていただくと、私にはできないことがたくさんあります。

まず、整理整頓・片づけができません。ゴルフもできません。ヴァイオリンも弾けません。

なぜか？　やりたいと思わないから。やってこなかったからです。

これは「○○ができない」といって心を曇らせ陰鬱になる人にとっては、少なからず参考になると思います。

あなたにできないことがあるとしたら、それはやっていないだけ。言い換えると、体験していないだけのことなのです。できるか・できないか、うまくいくか・いかないかは、ふたを開けてみなければわからないのです。

したがって、何かを初めて行うとき、不安を感じたら、「やったことがないからダメで元々。うまくいったら儲けもの」くらいの気持ちで取り組むといいでしょう。

そうすれば気負うこともないし、不安もなくなり、事前に思っていたほど大したことはなく、楽々とクリアできるかもしれません。

「幽霊の正体見たり枯《か》れ尾花《おばな》」という格言があります。

幽霊だと思って恐れていたものが、よく見たら枯れたススキの穂だった。転じて「疑心暗鬼で物事を見ると、悪いほうに想像が膨らんで、ありもしないことを恐れるようになる」という意味ですが、案外、あなたができないと思っていることは、この枯れ尾花の可能性があるのです。

それでもできないときは、そこで終わらせないで、今度はできる人を探して、その人にお願いしてしまいましょう。自力本願でダメなら、他力本願でいくのです。

私の場合で言うと、海外の成功者たちとの通訳がそうです。

私は実業投資家であり、ベストセラー作家としても有名なロバート・アレン氏のエージェントでもありますが、前述したように英語がほとんどしゃべれません。

言いわけになってしまいますが、学生時代は落ちこぼれでしたし、起業家として活動するようになった後、それなりに英語を勉強したものの、ビジネス英会話のレベルに達するには限界があることを痛感。以来、ロバート・アレン氏の通訳はその道のエキスパートにお願いするようにしているのです。

まず自分でやってみる。それでもうまくいかないときは「できない」「無理」とあきらめないで、できる人を探して、その人にお願いする。

そうすれば、間接的ながらもできたことになる。うまくいったことになる。

私が人生の指針としている「何事もあきらめない」とは、こういうことを言うのです。

Key Point 自分でやってできないときは、他力本願でもいい

積極的な行動が不幸を呼び込むこともある

ポジティブシンキングをテーマにした本や成功哲学本の頁をめくると、「とにかく積極的に行動しろ」「失敗したらどうしようと考えるな」といったことが書かれていることがあります。

しかし、こうした積極的な行動が、ときには不幸を呼び込む場合があるというのが、私の持論です。

たとえば「織田信長が桶狭間の合戦で今川義元を討ち取ったように、積極的なチャレンジ精神をもってすれば不可能が可能になる」と力説する著者もいますが、日本史の専門家はそうは思っていません。「窮鼠《きゅうそ》、猫を噛《か》む」ではありませんが、多くの専門家は、あれは討ち死に覚悟の奇襲戦法だったと解釈しています。

当の信長でさえ「ああいう合戦は生涯に二度とあってはならない」と語っていて、「合戦というものは基本的に最悪の事態を想定して行うもの」と考えていたようです。

同じことは、ビジネスの世界でサバイバル戦に勝ち抜き、成功をめざす人にも言えると思います。

失敗を恐れないで積極的に行動する姿勢はもちろん大切です。しかし、最悪の事態に見舞われたとき、それを回避できる確信が持てなければ、積極的な行動は「無謀な行動」「猪突猛進《ちょとつもうしん》」にしか過ぎなくなります。

そうならないために、人間関係学の大家でもあり著述家でもあるデール・カーネギーは、次の三ステップを踏むことを提唱しています。

①起こりうる最悪のことは何かを考える
②そのことを受け入れる覚悟をする
③最悪の事態に備えて、改善していくことを始める

これを私・稲村徹也のライフスタイルに置き換えてみると、①の「起こりうる最悪のこと」とは、再び会社が倒産して借金まみれになることです。
②の「そのことを受け入れ覚悟する」とは、会社が倒産して借金まみれになる可能性があることを念頭に置いて、仕事をするということです。
③の「最悪の事態に備えて、改善していくことを始める」というのは、私の場合で言う

と、これまでの数々の失敗体験、とくに倒産や借金を抱えたことを教訓に、「信頼できる人と一緒にビジネスをする」「複数収入、権利収入、副業収入構築の道を築いておく」ことなどです。コロナ禍で多くの経営者、起業家、サラリーマン、ＯＬが、ひとつの収入では限界だと気がついたのです。

こと借金を抱えたときは、さすがにしんどい思いをしたので、いざというときに備えて貯金をしたりもしています。車もきまって中古。新車など買ったためしがありません。休日、買い物に行くときなども、スーパーのチラシとにらめっこするなどして、質素倹約に努めています。

こうするだけで、不思議と悲観的なネガティブ感情が薄れ、ポジティブな気分になり、前向きに問題へ対処しようとする意識が芽生えるのですから、不思議なものです。

Key Point 起こりうる最悪のことを考え、覚悟し、改善していく

無縄自縛で勝手に苦しんでいないか

「自縄自縛《じじょうじばく》」という四字熟語をご存知でしょうか？　漢字の通りに解釈すると「自分の縄で自分を縛る」になりますが、本当は「自分勝手な思い込みによって、自分の動きを制限してしまい、苦しい立場に身を置いている」という意味です。

この「自縄自縛」をヒントに、「無縄自縛《むじょうじばく》」という四字熟語を考案した人がいました。曹洞宗《そうとう》の僧で駒澤大学の総長を務めた山田霊林師という禅の思想家で、「縄など、どこにもないのに、あると錯覚して、見えない縄で自分自身をがんじがらめにして苦しんでいる人が多い」と言うのです。

なるほど、師はまことにうまいところをついたものだと感心してしまいます。

明活思考が弱い人を見ていると、見えない縄で自分自身をがんじがらめにして苦しんでいるような気がしてならないからです。

そのひとつが取り越し苦労、すなわち無意味な恐怖心や不安です。

「廊下で社長に挨拶したらスルーされた。自分は嫌われている。解雇されたらどうしよう……」

「今月は営業ノルマが達成できなかった。来月も同じだったらどうしよう……」

等々。

こうした事態に備え、用心するに越したことはありません。前項でもお伝えしたように、起こりうる最悪のことを考え、覚悟し、改善していくことが大切なのは言うまでもありません。

しかし、必要以上に心配しすぎると、それは取り越し苦労となって、考え方も行動もどんどん消極的になってしまいます。起こるか起こらないか、わからないのに……。

これってバカらしいとは思いませんか？　人生をつまらなくするだけで何の得にもならないと思いませんか？　まさしく無縄自縛以外の何物でもありません。

だとしたら、この無意味な縄から自分を解き放つべきです。

「思い込みだけで判断している可能性がある」

「先入観や固定概念に惑わされ、物事を悪いほうに自分勝手に解釈しているだけだ」

こう考え、すぐにスイッチ・チェンジを図ってはどうでしょう？

廊下で社長に挨拶したらスルーされたことを気に病んでいるとしたら、「考え事をしていたため、自分のことに気づかなかっただけかもしれない」くらいに思えばいいのです。今月の営業ノルマが達成できなかったときもしかり。「今月はA区域をまわったから需要が少なかっただけかもしれない。来月まわるB区域も同じとは限らない」くらいに思えばいいのです。

「およそ惨めなものは、将来のことを不安に思って、不幸にならない前に不幸になっている心である」

これは古代ローマの哲学者ルキウス・セネカの言葉です。

Key Point　無意味な恐怖心や不安から自分を解き放つ

今日は最良の一日

「寝室を出るよりその日を死番と心得るべし」


これは戦国大名の藤堂高虎《たかとら》の言葉ですが、私の日々の行動指針にもなっています。

朝起きたら、いつ死んでも悔いが残らないようにしたい。そのためには、今日を最良の日と思って過ごそう。そういう姿勢でいるのです。

そして、この姿勢を貫き通すため、私は毎日就寝前と起床したとき、ある呪文を唱えるようにしています。

呪文というのはセルフトーク。それも自分に向けての質問です。

明日はどんな良いことが起きるのだろうか？（就寝前）
明日はどんな素晴らしい人と出会えるのだろうか？（就寝前）
明日は今日よりもっと最良の日になるのだろうか？（就寝前）

今日はどんな良いことが起きるのだろうか？（起床時）
今日は、どんな素晴らしい人に会えるのだろうか？（起床時）
今日はどんな素晴らしい情報が得られるのだろうか？（起床時）

これらの言葉を唱えた後、その〝嬉しい場面〟を想像するようにしています。すると、ワクワクしてきて、今日という日、明日という日が本当に最良の一日となります。

さて、あなたは今日という日、明日という日を最良の一日とするために、どんな呪文を唱えますか？

Key Point 今日という日、明日という日が楽しくなる呪文を唱えよう

一日三〇分、心のサプリをおススメします

これまたいきなりなので、驚かれるかもしれませんが、私は頻繁に入退院を繰り返しています。エッ、どこが悪いの？　脳梗塞が再発したの？　透析でもやっているの？

いいえ、おかげさまで身体は至ってピンピンしています。

心を「本の世界」に入院させているのです。

この章のテーマは明活思考の養い方で、そのための方法をお伝えしてきました。しかし、そうは言っても、世の中、気分が滅入ることばかりです。前述したように、暗いニュースばかりが蔓延。人生そのものも山あり谷ありで、トラブルやアクシデントがつきものです。

すると、どうしても気分がふさいだり、滅入ってしまうこともあります。そう、体調不良ならぬ心調不良です。

ご多分にもれず、私も心調不良を起こすことがたまにあるので、それを治すために（調子がいいときでも予防を兼ねて）、良書を読むようにしています。

ただ、私の場合はやみくもに読むというよりも、まず一冊読み終えたら、「ここはいいな」と思った箇所、たとえば勇気や希望が持てる一文、励まされる一文、心の重荷がとれる一文などをパソコンに打ち込むようにしています。

なかでも、私のお気に入りは成功者や偉人と称される人たちが遺した言葉がズラリとならんだ名言集。「お、この人のこの名言、響くな」と思ったら、早速それを打ち込みます。

こうするとA４で三～五枚くらいにおさまり、一冊の本の圧縮版になります。

それをプリントアウトして、「勇気や希望が持てる編」「励まされる編」「心の重荷がとれる編」……といったように区分けし、定期的に読むと、心のモヤモヤがとれて、すっきりするというわけです。

また、私は「パソコンに打ち込む」という行為そのものも、ものすごく大切にしています。打ち込むという行為、あるいは書くという行為そのものが、いわゆる潜在意識にプラスの念をインプットすることにほかならないため、本の一文が暗示となって心に浸透していくからです。

さあ、あなたも気分がふさいだり、滅入ることがあったら、こじらせないうちに心を本の世界に入院させてしまいましょう。調子がいいときでも予防を兼ねて、サプリメントならぬ「心のサプリ」を摂るようにしましょう。

図書館から良書を借りてくれば、入院費（サプリメントの費用）だってかかりません。治療費だって処方箋《しょほうせん》代だってタダです。

そして、一日三〇分でもいい。その時間さえなければ一〇分でもいい。良書にふれる時間をルーティーンにしてしまえば、心を曇らせているモノが内側からスーッと溶け出していく心地よさを感じられるはずです。

Key Point　良書にふれる時間をルーティーンにする

第四章

楽働思考を養う

仕事が楽しければ人生は楽園　つらければ人生は地獄

幸せを感じるのはどんなときでしょう？

これは永遠のテーマでもありますが、大抵の人はこんなイメージを抱くのではないでしょうか。

地位と名声を得て、大勢の人から敬われている自分——。

豪邸、億ションで暮らしている自分——。

豪華客船、ファーストクラスで世界中を旅している自分——。


しかし、そうなることが本当に幸せでしょうか？　どれも一過性の喜びや感動にすぎず、それらは時が経つにつれて薄れていってしまうものと私は考えています。

地位と名声を得ることができたとしても、それに見合うだけの困難が押し寄せてきたら、神経をすり減らしてしまうのは必定です。

豪華客船に至っては、思い出こそ残るものの、下船した瞬間から現実の世界へと引き戻されます。

けれども、「毎日がワクワクする」「毎日、なすべきときに、なすべきことをしている」といった感情にいつも浸ることができれば、その人は十分に恒久的な幸福感を味わうことができます。

では、どうすれば、そういう感情を湧き起こすことができるのか？　その鍵は時間にあります。

私たちは天から平等に一日二四時間という時間を与えられています。うち、仕事に費す時間は、だいたい三分の一から半分程度です。

その時間が苦痛を感じるだけのものであったとしたら、どうなるでしょう？　日々の生活、ひいては人生そのものが苦痛に覆われることになります。

「仕事が楽しみならば人生は楽園だ。仕事がつらければ人生は地獄だ」

これはロシアの作家ゴーリキーの言葉ですが、日々の生活が本当に地獄と化してしまいます。

それならば今からでも遅くはありません。「働く」という概念をこの場で変えてしまいましょう。

どんな仕事であっても、その中から生きがいの芽を見つけ出し、それを大切に育んでいきませんか？　楽しくなければ、楽しくなるように、創意工夫をこらしてみませんか？

その瞬間、あなたは「毎日がワクワクする自分」「毎日、なすべきときに、なすべきことをしている自分」に向けて、新たなスタートを切ったことになります。楽働思考を養うためには、まずはこれです。

Key Point　毎日がワクワクする感情を湧き起こそう

時給意識を捨てる

アメリカン・ドリームという言葉をご存知だと思います。アメリカン・ドリームとは、志を立てて意欲をもって仕事をすれば、仮にゼロの状態からスタートしても、大きな成功を勝ちえて巨万の富を築くことができる概念を言います。

このゼロの状態からスタートして大成功をおさめた人は数知れません。

古くは鉄鋼王として知られたアンドリュー・カーネギー、自動車王ヘンリー・フォード、石油王ジョン・ロックフェラー等々。最近で言えばマイクロソフトのビル・ゲイツ、テスラ・モーターズの創設者イーロン・マスクなどが有名ですが、彼らにはいくつかの共通点があります。

ひとつには、ハングリー精神に満ちていたことです。

彼らの多くは貧しい家に生まれ、学歴もありませんでした。そうなると、どうあがいてもエリートの道は無理。でも、このままでは終わりたくない。一旗あげたい。

だから、一章でもお伝えしたように、自分の人生のレールは自分で敷くものと考え、ハングリー精神を抱いて果敢に行動。失敗しても折れることなく、起き上がることで成長していったのです。

もうひとつは、この私もそうですが、ゴキブリが這い回るかのような泥臭い仕事であっても、その時々の仕事を楽しんだということです。

正確には、その仕事をどう楽しむかに知恵をめぐらせた……と言ったほうがいいかもしれません。だから、そこには「やらされ感」がありません。言い換えると「時給いくらで働かされている」という〝時給意識〟がないのです。

そのことを示す格好の事例があります。一代で大成功をおさめ、巨万の富を築いた知人のSさんという実業家の話です。

北海道の寒村で生まれたSさんは、実家が大変貧乏だったこともあり、中学を出てすぐに上京。最初は大手企業の社員食堂で皿洗いとして働き始めました。

しかし、この仕事がとてもハードで、毎日、四〇〇人以上のお皿を一人で洗わなくてはなりません。この単純作業がつらくてたまらなかったと言いますが、あることがきっかけで、今度はおもしろくてたまらなくなったそうです。

皿を洗うとき、時計の秒針を見ながら、一分間に何枚洗えるかに挑戦したところ、最初は二〇枚だったのが、翌日は二一枚、翌々日は二二枚と増えていくことに快感をおぼえるようになったからです。

このとき、Sさんはこう悟ったと言います。

「仕事というものは受け身でやるものではない。創意工夫をこらせば、つらいどころか、ものすごく楽しくなる」

その通りだと思います。

「やらされ感」で仕事をすれば、フラストレーションがたまるいっぽうで、やりがいを感じることはありません。

しかし、創意工夫をこらして、「やってみせる感」で取り組めば、やりがいを感じ、技術やノウハウの習得が早くなります。時間が経つのを忘れるほど夢中になれます。

傍目からは大変そうに思えることも、当人からすればそんなに大変には感じず、努力や辛抱もさほど苦ではなくなります。

ストレスだってそんなに感じることはありません。むしろ、向上心や探究心が培われ、やる気いっぱい。困難に見舞われても、折れることなく、それを乗り越えていこうとする意欲が持てるようになります。

さらに言わせてもらうと、人は誰でもそれぞれ異なった素質と才能を持って生まれてきているので、それとかみ合えば、もう鬼に金棒。プラスの連鎖がどんどん拡大していくようになります。

アメリカン・ドリームを実現させた成功者たちの秘訣はここにあり。ゴーリキーが言う「仕事が楽しみならば人生は楽園だ」とは、こういうことを言うのではないでしょうか。

Key Point 仕事は「やらされ感」ではなく「やってみせる感」！

仕事は何のためにするのか？誰のためにするのか？

ところで、仕事は何のためにするのか、誰のためにするのかを考えたことがありますか？

「生活していくため」

「家族を養うため」

「働かないと、食べていけないから」

そう考えているあなたを否定するつもりはありませんが、私の考えはこうです。


「仕事とは社会貢献を通して、人々に喜びを与えるためのものである」


ちょっとキレイごとのように思えますが、これは本当の話です。

私が建設業をはじめ複数の会社を経営していることは一章でお伝えした通りですが、建設現場の作業員を雇用するとき、刑務所から出所した前科のある人たちを優先的に雇用するようにしています。

前科者に対する就職支援体制はだいぶ整ったとはいえ、やはり前科のある人たちにとって就職しづらいのは確か。なかなか職にありつけない人もいます。

そういう人たちに働ける場所を提供すれば、彼らは収入が得られるし、何よりも社会復帰のサポートになると考えているのです。

今でも、彼らと銭湯に行った後、飲みに行くことがありますが、みんな満面の笑みを浮かべていいます。

そう、このみんなの笑みを見るのがたまらなく嬉しいのです。

人々に喜びを与えることが仕事の終着点だと考えているのです。


ひるがえって、今の日本を見渡すと、エゴの精神むき出しで、己の欲得――我欲でしかモノを考えられない人が実に多いような気がしてなりません。

我欲しかなければ、欲望や不満は尽きないし、それが度を超すと、裏切り、横領、着服、窃盗、詐欺……といった犯罪行為に身を委ねることにもなりかねません。これでは身の破滅を迎えるのは時間の問題でしょう。


しかし、社会に貢献することで、他人に喜びを与えることに仕事の意義を感じることができれば、我欲が薄れ、代わりに「利他の精神」が芽吹くようになります。

他人の幸福を心から願う清らかな気持ちで仕事に取り組めるようになります。

他人が喜ぶ顔を見るたびに、仕事に情熱とやりがいを感じるようになります。

天は、そういう人に対してだけ、惜しみなく、たくさんの幸運を授けてくれるものなのです。


「何を志すときでも、自己向上を目的とする。そして、その目的とする自己向上は、ただ単に自分の幸福だけのためにするんじゃない。自他の幸福のためにするんだ」

これは実業家でもあり、思想家でもあった中村天風の言葉です。

Key Point

仕事とは社会貢献を通して人々に喜びを与えるためのもの

武田信玄タイプか上杉謙信タイプかを見極める

楽働思考で仕事に取り組むにあたって、ひとつだけ認識・自覚しておいたほうがいいことがあります。

それは、自分が集団戦で仕事をしていくタイプなのか、それとも個人戦で仕事をしていくタイプなのかを知っておくということです。

それによって自分の立ち位置・やるべきことも違ってくるからです。

これを戦国大名にたとえると、前者が武田信玄で、後者が上杉謙信です。

武田信玄は合戦を行うとき、まず重臣たちに意見を求め、合議制の下で戦略や戦術を編み出していました。ピラミッドのような組織を作り、各部署に重臣（現場の責任者）を配置。合戦が始まると、彼らからの報告・連絡・相談を元に軍配を振るっていました。

これとは対照的なのが上杉謙信です。謙信は合戦を行うとき、すべての戦略・戦術は自分で編み出し、合戦が始まると自ら陣頭指揮をとって、怒涛《どとう》のごとく敵陣に攻め入ることがしばしばありました。

川中島の合戦で二人の一騎打ちがあったとされるのは、こうした背景もあったからなのでしょう。


さて、この二人の例を仕事のやり方に置き換えて考えた場合、ゼネラリストとしてやっていきたい人、他人を動かす術に長けている人、マネジメント（管理）が得意な人は武田信玄タイプ、すなわち集団戦に向いていると考えていいでしょう。

私などは完全にこちらのタイプです。建設業を例に出すと、現場に赴《おもむ》いて陣頭指揮をとる……といったことは、今はほとんどありません。それらはすべて現場の人たち任せ。私が行うのは営業（集客）活動をはじめ、スケジュール管理や現場で働いてくれる人を手配することなどです。


これとは反対に、スペシャリストとしての才がある人、専門技術を有している人、一匹狼として仕事をしたい人は、上杉謙信タイプ、すなわち個人戦に向いていると考えていいでしょう。

実務をこなさなければならないぶんハードになりますが、存分に自己特有の能力が発揮できるという利点があります。また、後述するマスターマインドを確保して、協力・応援を頼めば、自分に足りない部分を補ってくれるため、その人たちに任せることができ、自分はやるべきことに専念できます。

職種・業種によっても違ってくるため、どちらが良いか悪いかは、一概には決めつけられません。

しかし、経営者・ビジネスパーソンを問わず、自分がどちらのタイプかをあらかじめ念頭に置いておけば、効率よく仕事がこなせるし、何よりも精神的負担が激減することで楽しく仕事に取り組めるというものです。

Key Point 集団戦で仕事をするか、個人戦で仕事をするかで立ち位置も違ってくる

「お金も時間もある」が楽働の理想形

仕事とは社会貢献を通して、人々に喜びを与えるためのもの――これが私の持論です。しかし、そうはいっても仕事はあくまで仕事。慈善事業ではありません。やはり、収益を出さないことには意味がありません。

その前提として、私のビジネスパートナーの一人で、台湾の事業家のロッキー・リャンは、自分が次の表のどのタイプに属するかをキチンと認識しておく必要があると言います。

Aタイプ　お金も時間もない
Bタイプ　お金はないが時間はある
Cタイプ　お金はあるが時間がない
Dタイプ　お金も時間もある

Ａタイプは、長時間働いている割には収入が少ない、いわゆる貧乏暇なしな人たちのことを言います。

Ｂタイプはあくせく働かないですむぶん、収入が少ない人たちのことを言います。

Ｃタイプはそれなりの収入は得ているものの、それに費やす時間も多く、心に余裕がない人たちのことを言い、かつての私がまさにそうでした。

Ｄタイプは、あくせく働かなくても、それなりの収入を得ている人たちのことを言い、これがいちばんの理想形であるのは言うまでもありません。


さて、今のあなたはどのタイプでしょうか？　やはり、Ｄタイプに変身することで、お金の心配をすることなく、余裕をもって仕事に取り組みたいものですよね？

そのためには、逆説的ですが、まず「お金を儲けよう」という意識を拭《ぬぐ》い去ることが大切になってくるのです。

Key Point　「お金」と「時間」を好バランスに保つ

「儲ける状態」から「儲かる状態」にシフトさせる

「お金を儲けよう」という意識を拭い去る――これはどういうことかというと、「儲ける状態」から「儲かる状態」に自分をシフトさせることです。

一見すると、「儲ける」も「儲かる」も同じニュアンスのように思えますが、実はまったく異なります。

「儲ける」というのは、必死にもがいてでも利益を得ようとすること。これに対し「儲かる」とは、もがかなくても自然にお金が入ってくる状態を指すからです。

では、「儲かる」状態にするためにはどうすればいいのか？　方法は至ってシンプル。当面の見返りは期待せず、まず人に奉仕・貢献することから始めればいいのです。

そのわかりやすい例が、いわゆるフロントエンドとバックエンドです。

フロントエンドとは、集客にたとえて言うと、新規のお客様に初めて買ってもらうための、いわば客引きのための商品やサービスのことです。

これに対し、バックエンドとはフロントエンドの商品やサービスを提供した後に販売したい「メインの商品やサービス」のことを言います。

スーパーの例を出すと、わかりやすいかもしれません。

たとえば、すき焼きに合う霜降《しもふ》り肉がバックエンドの商品だとしたら、やり手の店長はそれを売ることばかりに躍起にはなりません。

まず、すき焼きには欠かせないタマゴや豆腐を特売で売ることを考え、それをチラシに盛り込みます。すると、チラシを見たお客様はタマゴや豆腐の特売の文字に惹きつけられ、スーパーに足を運びます。

さらに、やり手の店長は肉売り場で実際にすき焼きを調理して、霜降り肉の試食コーナーを設けたりもします。

タマゴや豆腐が激安で購入でき、霜降り肉が味見できる。そう、これらがフロントエンドなのです。

そして「試食をしたら確かに美味い。よし、タマゴも豆腐も安く買えたし、今夜はすき焼きにしよう」ということで、霜降り肉を買っていただく。これがバックエンドなのです。

おしなべて、フロントエンドがうまくいけば、おのずとバックエンドもうまくいくようになり、必然的に「儲かる状態」となります。

したがって、利益を出したければ、メインの商品やサービスを売り込むことばかり考えずに、自分にとってのフロントエンドは何かを考えてみることです。

こんな商品（サービス）を提供したら、お客様は喜んでくれるに違いない。

得した気分になるに違いない。

こういったことに知恵をめぐらせていけば、

「商売の醍醐味《だいごみ》・楽しみとは、儲ける状態から儲かる状態に持っていくところにある」

という松下幸之助の名言の意味が、ひしひしと感じとれるに違いありません。

Key Point 自分にとってのフロントエンドは何かを考える

お客様は神様と思うな！

ところで、あなたはお客様と顧客の違いがわかりますか？

これもわかりやすい例を出しましょう。

ホテルのロビーに一人の男性がやってきて、ソファに腰かけたとします。腕時計を見ています。どうやら待ち合わせをしているみたいで、ほどなくして女性がやってきました。夫婦のようで、しばらく談笑した後、仲良く腕組みをしながらホテルの外に出ていきました。

さて、この二人、ホテルのロビーに滞在はしたものの、宿泊もしなければレストランで食事もしていません。しかし、ホテルに入ってきたからにはお客様になります。

次に、これまた夫婦とおぼしき男女がやってきて、今度はいきなりレセプションに向かいました。

すると、レセプションのスタッフが二人に向かって「いつもご利用ありがとうございます」と言いながら、深々とお辞儀をしました。そう、「いつも……」ということは常連客、すなわち顧客です。

もうおわかりですよね？　お客様は必ずしも商品やサービスを購入するとは限りません。しかし、顧客は何度も商品やサービスを購入することで、お金を支払ってくれます。この違いをキチンと理解したうえで、「神様はお客様ではなくて顧客」と考え、顧客を一人（一社）でも多く作ることを心がけてほしいのです。

お客様ファーストではなく、顧客ファーストをスローガンにするのです。

そのうえで、前述した「儲かる状態」を意識して仕事に取り組めば、間違いなく成功へと近づきます。

Key Point　お客様ファーストではなく、顧客ファースト

お金ばかりを求めると貧乏神が寄ってくる

「お金があれば幸せになれる」と考えながら働いている人が少なくありません。

人生はお金がすべてではありませんが、お金があれば確かに大抵の欲求は満たすことができます。

しかし、「お金があれば幸せになれる」という思いは、裏を返して言えば「お金がないからこんなに苦労している」という思いにほかなりません。

したがって、そう思えば思うほど、「お金がないから苦労している」「つらい思いをしている」という念を、マイナスの自己暗示として心にインプットすることになるため、余計にお金とは縁遠くなる可能性があります。

そう、お金を求めようとすればするほど、貧乏神が近寄ってきてしまうのです。

この悪循環を断ち切るために、私はセミナーなどで次の三つのプロセスを踏むようにアドバイスすることがあります。

一つめのプロセスは、お金を得る目的を明確にすることです。

「○○がほしい」「○○がしたい」という明確な目的があれば、そうなるためにはどうしたらいいかということに意識が向くようになります。それによって「お金がないから苦労している」「つらい思いをしている」という念、すなわちマイナスの自己暗示が遮断できるからです。


二つめのプロセスは、目的を達成するために必要とする金額を具体的に定めることです。

「○○を獲得するために、これだけのお金がほしい」

「○○するためには、最低、この金額は必要だ」

このように目標とする金額を具体的に決めれば（しかも二章でもお伝えしたようにやるべきことを未来から逆算していけば）、今やるべきことが明確になります。すると、そちらに意識がいくため、これまたマイナスの自己暗示が遮断できるわけです。


三つめのプロセスは、「目標とする金額をいつまでに手にする」という期限を設けることです。

期限を定めると、「何が何でも」という真剣な気持ちになれ、信念も強まり、ちょっとやそっとのことでは心が折れなくなります。

おしなべて、お金は手段であって目的ではないのです。

お金を得ることだけを目的にしてしまうと、人生がいやらしくなってしまうし、いつもお金に気をとられながら、心配して生きていくことになります。人を騙す詐欺行為もいとわなくなります。

これに対し、「お金は手段」と考えている人は、「お金は目的を達成するために必要なものである」という気持ちでいるため、意識が絶えず目的に向くようになり、それに伴い夢向思考もどんどん養われていきます。

さあ、あなたも何のためにお金を欲しているのかを、改めて検討してみてください。貧乏神を退散させるためには、まずはここからスタートです。

Key Point　お金は手段であって、目的ではない

あなたの机の上にはいくつボタンがあるか？

自動車王の異名をとるヘンリー・フォードは、晩年、一人の新聞記者からこんな質問をされたことがありました。

「あなたには学歴がありません。にもかかわらず、大成功をおさめることができた秘訣は何でしょう？」

すると、フォードは次のように答えたとされます。

「私の机の上にはたくさんのボタンがあります。その中の正しいボタンを押しさえすれば、私が必要としている知識を持った人がすぐきてくれます。私が成功できたのは、その人たちのおかげです」

つまり、こういうことです。

自分（フォード）には学歴がない。大学で経営の勉強をしてきたわけではない。法律や税務の知識もほとんどない。スキルも限られている。

だからこそ、自分にはない能力を持った人、自分よりも知識豊富な人、自分が持っていないスキルを有した人を大切にしてきた。

そして、必要に応じてその人たちに相談したり、知恵を借りたり、任せたり、ときには一致団結してビジョン・目標を共有しながら仕事に取り組んできた。そのおかげで、成功することができたのだ。

要するに、仕事に協力してくれる自分よりも優れた人たちのことを、フォードは「机の上のボタン」にたとえたのです。

そして、共通の目標を達成するために、こうした人たちが二人以上集まった頭脳集団を、『成功哲学』の著者として知られるナポレオン・ヒルは〝マスターマインド〟と名づけました。

私も、仕事を進めていくうえでマスターマインドをものすごく大切にしています。揉め事が起こったときなどは、信頼のおける弁護士に相談して解決の道をさぐるようにしています。

ロバート・アレン氏をはじめとする海外の成功者たちとコンタクトをとるときは、細かな部分はプロの通訳にお任せしています。

本書も例外ではありません。出版プロデューサーが尽力してくれたおかげで、日の目を見ることができたのです。

そう、今日の私があるのはマスターマインドの力添え以外の何物でもないのです。

同じことはあなたにも言えます。

自分が持っていない能力や知識やスキルが必要になったら、それらを補ってくれるマスターマインドを探して頼めばいいのです。任せてしまえばいいのです。

そうすれば、それらについて思い煩《わずら》うことがなくなり、ほかのもっと有意義なことに時間が費やせるようになります。

すなわち、楽働思考で仕事に取り組めるようになるのです。

Key Point 自分が持っていない能力や知識、スキルを有する人を大切にする

マスターマインドは簡単に作れる

では、マスターマインドはどうやって作ればいいのでしょうか？

ポイントは三つあります。


ひとつは、今の自分に不足しているものが何かを知ることです。

「法律にからきしうとい」

「パソコンの操作がそれほど得意ではない」

「文章を書くのが苦手だ」

こうした自分の弱みをキチンと自覚しておけば、それをフォローしてくれそうな人との出会い——縁に敏感になれるからです。

もうひとつは、相手の長所に意識を向けることです。

「彼はセールストークに長けている」

「彼女は英語がしゃべれる」

「彼は国内外で出版プロデュースをしている」
「あの人はマーケティングの知識やノウハウを有している」
等々、何でもかまわないので、自分にはない、あるいは自分よりも優れている相手の能力・知識・スキルといったものを探るようにするのです。

そしてもうひとつは、お互いの考え方や価値観が似ていて波長が合うかどうかです。波長が合う人であれば、あなたがやろうとしていることに理解・共感を示してくれます。目的意識が共有できるため、方向がブレることもありません。

この三つのポイントを押さえ、マスターマインドの関係を築くことで、お互いの能力・知識・スキルが合体すれば、想像を超えた大きな力が発揮できるようになります。

個人個人の力はちっぽけで取るに足らないものであっても、「集合知」となれば、そのポテンシャルは計り知れないものになるのです。

Key Point

お互いの能力・知識・スキルを合体させ集合知を生み出す

あなただけのアイスクリームコーンを作り出そう

仕事が楽しければ人生は楽園、つらければ人生は地獄という観点から、この章では楽働思考の養い方をお伝えしてきました。

しかし、それでもまだ仕事がつまらないと嘆く人がいると思います。

なぜ、仕事がつまらないのか？　その感情はどこからくるのか？

大きな理由のひとつとして、「やらされ感」、すなわち下請け意識がそうさせている可能性があると私は考えています。

今の日本の企業を見渡すと、下請け企業がなんと多いことか。自動車業界ひとつとっても、車の部品を作っている会社はごまんとあれど、従来の自動車メーカー以外で車を作ろうとする会社はほとんどありません。依然として部品工場に甘んじています。

なぜ、車を作ろうとしないのか。それはイノベーション意識がないからです。イノベーション意識がないから、優れた技術で優れた製品が作れるのに、それを統合して車にすることができないのです。

だから、いつまで経っても下請けのまま。やらされ感が拭えないのです。

どうです？　図星ではありませんか？

もっとも、こう言うと「理屈はわかるが、自分には何かをイノベーションする能力なんかない」と思う人もいるかもしれません。

しかし、私はなにも新しい技術で、今までにないまったく新しいモノを開発すべきだと言っているのではありません。

すでにあるモノとモノの関係性を見い出すことができて、それらをつなげてオリジナルの商品を開発すれば、とてつもないビジネスチャンスを作り出すことも十分可能なのです。

その最たるモノがアイスクリームコーンです。アイスクリームもコーンもどちらも紀元前に誕生したものです。ところが、二〇世紀の初め、カップを切らしたあるアイスクリーム屋の店主が、苦し紛れに隣にあったワッフルをカップの代わりに用いたところ、これが大好評を博し、瞬《またた》く間に世界中に広がっていったものとされています。

このように、一見すると無関係のモノとモノをコラボさせることも、ひとつのイノベーションであり、そうしたヒントは身近の至るところに潜んでいるものなのです。

また、コラボに限らず、モノとモノの関係性を見出すことでオリジナル商品を作り出すことも十分に可能です。

たとえば、カッターナイフがそうです。ご存知のようにカッターナイフは、切れ味が鈍くなった部分を折りとれば、新しい刃が使える仕組みになっていますが、あの「切れ味が鈍くなった部分を折りとる」という発想は、見た目がブロック状になっていて、小さく折り割ることができる板チョコがヒントになったと言います。

これなどは異業種からヒントを得て、画期的な商品を世に出すことで成功をおさめた好例と言っていいでしょう。

このようにビジネスチャンスというものは、遠いどこかにあるのではなく、身近に潜んでいるものなのです。

そして、それをいち早く見つけ出すためには、繰り返し言っているようにイノベーション意識を高めることが大切なのです。

たとえ、あなたが雇われの身であっても「これはいけそうだ」と思ったら、上司にどんどん提案したり、上層部に掛け合ってみてはどうでしょう？

それでも上が理解を示さないようなら、自分で起業したっていい。
ガサゴソガサゴソ……と、たとえ今はゴキブリのように地面を這いつくばっていても、あなたがそこにやりがいを感じることができれば、いずれ成功のほうから、あなたに歩み寄ってくるに違いありません。

Key Point イノベーション意識を高めれば成功のほうから歩み寄ってくる

第五章

愛善思考を養う

なぜ、この罪人は五年足らずで日本のトップになれたのか？

日本にはかつて流刑《るけい》という刑罰があり、流刑に処せられた人は罪人とみなされていました。その罪人がわずか五年足らずで日本のトップ、今でいう内閣総理大臣のような立場に躍り出たとしたら、ちょっとびっくりするのではないでしょうか？

二〇二二年のＮＨＫ大河ドラマ『鎌倉殿と13人』の鎌倉殿、すなわち源頼朝がその人です。源頼朝は子供の頃、父親が平家と戦って敗れたため、とらわれの身となり、伊豆に流されて二〇年にわたる流人《るにん》生活を余儀なくされました。ところが、打倒平家の気運が高まると、それに乗じて関東の武士たちを集めて挙兵。その五年後には壇ノ浦で平家を滅ぼし、事実上の天下人に躍り出ることに成功しました。

もう一度言います。一介の流人（罪人）がわずか五年で天下人——日本のトップです。

なぜ、これほどスピーディーに偉業を成し遂げることができたのか？　それはこういうことです。

平家が政権を掌握して、全盛を誇っていた頃、関東では領地をめぐって武士たちの争いが絶えませんでした。その沈静化を図ったのが頼朝です。

「東国の武士たちと縁が深い源氏の棟梁《とうりょう》として、みなさんの領地を安堵《あんど》しますので、打倒平家に力を貸してもらえませんか？」と関東の武士たちにふれまわったのです。

関東の武士たちからすれば、自分たちの領地は元々頼朝の父祖から分け与えてもらったもの。源氏には恩がある。しかも、頼朝に付き従えば、領地も安堵してくれるため、争いもなくなる。だったら、打倒平家に協力しよう。頼朝を武家の棟梁として担ぎ上げよう。

この動きが関東全域に広がっていき、平家の滅亡から鎌倉幕府の樹立へとつながっていったのです。

源頼朝といえば、弟の義経を死に追いやったことから、一般には冷酷・薄情なイメージがあります。しかし、私が思うには、東国武士たちとの共存共栄を図ろうとする愛と善意に満ちた気持ち、すなわち愛善思考が誰よりも強かったような気がするのです。

私たちもこうした頼朝の姿勢を参考に、自分の欲得中心で生きるのではなく、お互いが発展・繁栄をすることで、喜びを分かち合える共存共栄の関係を築くように努めたいものです。そのためには、周囲の人たちとの調和を図り、相手の生き方・考え方・価値観といったものを尊重し、相手の幸せを願う愛と善意の気持ちを育むことが大切になってきます。

そして、それを言動で表してみませんか？

そうすれば、人はあなたに信頼を寄せ、源頼朝のようにいつしか周囲から引き上げられる人間になるでしょう。

Key Point　お互いが喜びを分かち合える共存共栄の関係を築く

人は見た目が九割ではなく一割！心の目で人を見る〝観察眼〟を養う

「あの人は国際弁護士だから、きっと頭がキレるに違いない」

「あの人は名医と呼ばれているから、間違った医療判断などするはずがない」

「あの人は大手企業の重役だから、指導力に長け、仕事ができるに違いない」

このように他人を地位や肩書きで値踏みしている人にお尋ねします。

ホームレスという言葉からどんなイメージを抱きますか？　一般的に、外見としては「不潔」「みすぼらしい」といったイメージを抱くのではないでしょうか？

だからといって、「どうせ仕事にありつけなくて、ホームレスに身を落としたのだろう」と判断してしまうのは早計というもの。ホームレスという状態が、その人の内面をストレートに映し出しているとは限らないからです。

一章でもお伝えしたように、私のメンターとなってくれた人物もホームレスでしたが、内面にはびっくりするほど高い知性や素晴らしい経験値が隠されていました。飲食店の経営コンサルタントだったこともあり、当時若造だった私に、未知の世界だった経営のノウハウを教えてくれたりもしました。

この人との出会いがなければ、今日の私はなかったと断言してもいいくらいです。

ビジネスの世界では「人は見た目が九割」と言う人もいますが、それはまったく逆で、私に言わせれば「人は見た目が一割」にすぎません。

見た目——第一印象というのは、相手を評価する材料のほんの一部にしかすぎないのです。外見がみすぼらしくても、他人にはない特別なスキルを持っている人だって、世の中にはたくさんいるのです。

しかも、そのスキルを授けてもらうことで、自分の生き方が変わり、成功人生につながるのだとしたら、その人はまさしくメンターということになります。

したがって、外見がいかにみすぼらしくとも、さえないように見えても、それだけで人を値踏みするのはつつしむべきです。

これは外見に限ったことではありません。「あの人は平社員だから……」「何の肩書きもないから……」「失業中だから……」といった理由だけで、「だから、たいしたことはない」と決めつけてしまうのも厳につつしんだほうがいいでしょう。

愛善思考を養ううえで大切なのは、外見がどうあれ、地位や肩書きがどうあれ、誰に対しても誠実に腰を低くして謙虚に接していくこと。

相手がいかなる仕事をしていようが（無職であっても）、自分にはないスキル・能力を探り出して、「この人から教わろう」という気持ちでいること。

この二点をいつも心がけていれば、みんな、あなたのことを放っておけなくなります。意外な人がメンターになってくれたり、願ってもないチャンスを提供してくれるなどして、成功への大きな起爆剤となるでしょう。

Key Point 誰に対しても、「この人から教わろう」という精神で

自己欲求より先に他者欲求を満たしてあげよう

本章の冒頭で、挙兵してわずか五年で平家を滅ぼした源頼朝の話をしました。

この迅速な行動には私もびっくりさせられますが、歴史の専門家に言わせると、その気になればもっと早く平家を滅ぼすこともできたのではないか、とされています。

なぜ、そうしなかったのか？　それは手をこまねいていたわけではありません。平家を討つことよりも先に、争いが絶えなかった東国武士たちの領地を安堵することで、東国の安泰《あんたい》を図ることを優先したからだそうです。

そう、平家を滅ぼして父の仇を討ちたいという自分の願いよりも、土地の所有権を保証してほしいという東国武士たちの願いをかなえることを第一に考えたのです。

「自己欲求よりも他者欲求を満たすことに注力せよ」

これは私も親交があり、二〇一四年九月に日本にお呼びした、個人的メンターでもある世界的に著名な講演家・医師のディーパック・チョプラ博士の言葉です。彼は偉大なリーダーはビジョナリーであり（「先見の明がある」の意味）、神秘的で偉大な自問をしていると述べています。

そうした自問自答の一環として、どんな些細《ささい》なことでもいいから、自己欲求よりも他者欲求を満たしてあげるように努めてみてはいかがでしょうか？　それも、愛善思考の一部です。

卑近な例を挙げると、自分がラーメンを食べたいと思っていても、相手が日本蕎麦《そば》を食べたがっていたら、一緒に日本蕎麦を食べに行けばいいのです。

オンラインで打ち合わせをしたくても、相手がリアルでやることを望んでいたら、リアルでの打ち合わせに応じてあげればいいのです。

いっとき「忖度《そんたく》」という言葉が話題になりました。忖度とは、相手の心情を推し量り、相手の望むことをしてあげるという意味です。

他者欲求を満たしてあげることは忖度にほかならず、これを対人関係におけるひとつの習慣にしてしまえば、今度は相手が同様の態度をとるようになるはずです。

Key Point　相手の心情を推し量り、相手の望むことをしてあげる

「何かお困りのことはありませんか？」は忖度の魔法の言葉

公私を問わず、人と会話をしていく中で、とくに初対面の人や久しぶりに会う人に対して、私には口ぐせにしている言葉があります。

それは「何かお困りのことはありませんか？」という言葉です。

すると、大抵の人はポソポソと〝自分の困った〟を口にし始めます。

「接骨院に通いつづけているのですが、腰痛がなかなか治らなくて……」

「詐欺に遭ってしまったのですが、警察もキチンと取り合ってくれなくて……」

「お店をオープンしたのですが、集客がうまくいかなくて……」

等々。こういうとき、私は次の三つのステップを踏むようにしています。

①相手の言葉をそのまま繰り返す

②相手が望んでいることをくみ取る

③相手が望んでいることを、解決法を交えながら言葉にする

まず一つめのステップとして、「相手の言葉をそのまま繰り返す」。これは、「そうですか……。接骨院に通いつづけても腰痛がなかなか治らないんですか……」というふうに、相手が口にした言葉をそのまま反復することです。

人には大なり小なり自分の状況を他人にわかってもらいたいという願望があるため、これでその欲求を満たしたことになります。

二つめのステップの「相手が望んでいることをくみ取る」というのは、「腕利きの施術師がいたら、この人の腰痛も解消するだろうなあ」ということに知恵をめぐらせることを指します。

そして、三つめのステップの「相手が望んでいることを、解決法を交えながら言葉にする」というのは、「知り合いに腕利きの鍼灸師《しんきゅうし》がいますので、ご紹介しましょうか？」といったように、こう言ってもらえると相手が嬉しく感じる言葉を口にすることです。

知り合いに腕利きの鍼灸師がいなくても、「ネットで、腰痛治療で評判の高い施術師を調べてみてはいかがでしょう？」などとアドバイスするだけでも、相手が望んでいることを解決法を交えながら言葉にするため、同様の効果があります。人には自分が抱えている問題をくみ取って、共感してもらいたいという欲求があるため、それを満たすことになるからです。

ともかく、この三つのステップを踏むことで、他者欲求を満たしてあげるように努めれば、自分事として相手のことが理解できるようになります。相手が抱えている問題をくみ取ることで、共感能力も高まるようになります。

すると、解決法の結果はどうあれ、相手との距離はグッと近くなり、お互いの絆《きずな》はいっそう深まるようになるでしょう。

さあ、あなたも今日から、早速に「何かお困りのことはありませんか？」を口ぐせにしてみませんか？

Key Point　相手の心情を推し量り、相手の望むことをしてあげる

信じて用いられる人ではなく信じて頼られる人になる

Aさんは信用できる。Bさんは信頼ができる——この違いがわかりますか？

具体的な例を出しましょう。「Aさんにこの仕事を手伝ってもらおう」と思っても、「この仕事を全部任せよう」という気にはなれなかった……ということはありませんか？

いっぽうのBさんに対しては「この仕事を全部任せよう」という気になれた……こういう経験はありませんか？

そう、「信用」と「信頼」は根本的に質が異なるのです。

信用とは「信じて用いる」ですから、どちらかといえば上から目線的な意味合いが強く、一方通行的な性質を備えています。これに対し、「信頼」は「信じて頼る」ですから、上から目線も下から目線も関係なく、双方向的な性質を備えています。

別の言葉に置き換えれば、「信用」は自分が想定している期待値を相手が満たしている状態で、その基準を満たしていないと「信用できない」ということになりますが、「信頼」

には初めから期待値というものが存在しないため、無条件で相手のことを受け入れ、相手もまたその人のことを受け入れる特徴があるのです。

信頼できる人を一人でも多く作るためには、まずあなた自身が信頼に足る人間になることです。

約束は守る。口にしたことは必ず実行する。ウソはつかない……。

どれも子供の頃、学校の朝礼で校長先生から聞かされたことばかりですが、大人になった今、それがキチンとなされているか、今一度、見つめなおしたいものです。

そして、この当たり前のことを当たり前になすことが、愛善思考の強化につながっていくのです。

Key Point

信用には期待値が求められるが
信頼には期待値など存在しない

承認の欲求を満たしてあげよう

私と親しくおつきあいさせていただいている人たちは、みなさん「稲村さんといると、とても気分が良くなります」と、よくおっしゃってくださいます。

なぜだろう、笑顔を絶やさないでいつも明るくしているからかな……? それとも、冗談ばかり口にするからかな……程度にしか思っていませんでしたが、ある人から「稲村さんほど、私のことを認めてくれる人はいません」と言われたとき、その理由がわかったような気がしました。

「人間の持つ性情のうちで、もっとも強いのは、他人に認められることを渇望する気持ちである」

これはアメリカの著名な心理学者、ウィリアム・ジェームズの言葉ですが、人間には「人から評価されたい」「人から称賛されたい」「人から敬われたい」という欲求が備わっていて、その欲求を満たしてくれる人に好感を寄せる習性があります。

同じくアメリカの心理学者、アブラハム・マズローはこれを「承認の欲求」と呼び、人間関係学の大家であるデール・カーネギーは「自己重要感」と名づけました。

手前味噌《みそ》で恐縮ですが、私がどうもそうらしく、他人のそうした欲求を満たしてあげるのがうまいらしいのです。

もっとも、私にはそのためのスキルが備わっているわけでもなければ、特別なテクニックを用いているわけでもありません。相手の良い点、素晴らしい点、惹かれる点に着目し、「この人のここが素晴らしい」と感じたら、それを褒めているだけです。

「英語のTOEIC、九〇〇点もあるんですか。さすがです」

「起業して三〇年ですか。すごいですね。頭が下がります」

「今回のこの出版で七冊めですか！　とてつもない成果ですね！」

「立ち居振る舞いが美しいですね。見習いたいです」

「この文章はわかりやすいですね！　私もこんな文章が書きたいです」

といったように……。


また、仕事をご一緒させていただいた人には、必ず「ありがとうございます。助かりました」という感謝の言葉を口にするようにしています。

世界的に有名なビジネスコンサルタントのロイス・クルーガーは、この感謝の言葉を「無形の報酬」と名づけました。「私はあなたに気づいていますよ」というメッセージを相手に送ることにほかならず、その報酬の成果は計り知れないほど大きいものがあるそうです。

褒め言葉を口にする。感謝の言葉を口にする。どちらも言い尽くされた感がありますが、改めて考えてみると、これらの言葉を受け取ったとき、自分という人間の存在を認めてもらったような気分になり、何にも代えがたい感動を覚えます。とても幸せな気分に浸れます。

だとしたら、これらの言葉をどんどん拡散していきませんか？　波動となって、いい雰囲気が広がることうけあいです。

Key Point　褒め言葉と感謝の言葉の拡散に努める

超一流の成功者たちの大きな共通点とは？

フランス語にノブレス・オブリージュという言葉があります。

元はフランスのことわざで、「貴族たるもの、身分にふさわしい振る舞いをしなければならない」という意味で、身分の高い者はそれに応じて果たさねばならない社会的責任と義務があるという道徳観を表しています。

これを私の言葉に置き換えると、次のようになります。


「成功者たちは、富を社会に還元するため、社会貢献をしてきた」


実際、超一流の成功者たちをつぶさに観察すると、大きな共通点として、みんな社会貢献をしています。

石油王のジョン・ロックフェラーは若い頃から教会に収入の十パーセントを寄付しつづけたと言われており、成功をおさめた後は、医療・教育・科学研究促進などを目的とした財団を数多く創設しました。

鉄鋼王のアンドリュー・カーネギーもしかり。リタイア後は大学や図書館等の施設を多数作ったほか、身障者などに多額の献金をしました。

最近の例で言えば、ビル・ゲイツがそうです。慈善家としての活動を精力的に行い、世界における病気・貧困の撲滅を目的とした世界最大の慈善基金団体を設立。少し古いデータになりますが、二〇一七年度の寄付総額は四八億ドル（日本円で約五二〇〇億円）とも言われています。

だとしたら、成功してからではなく成功をおさめる前に、世のため、人のために貢献する方法を考えてみませんか？

社会貢献という概念は、成功する前から頭の中にインプットしておくべき大切なキーワードなのです。

Key Point 成功する前から、社会貢献を行う

あなたにしかできない
あなたならではの社会貢献活動を行おう

もっとも、こう言うと、中には次のように反論する人もいるかもしれません。

「社会貢献と言うが、それはやっぱりお金がある人だからできることであって、自分にはとてもそんな余裕なんかない。自分のことで精いっぱいだ」

しかし、誤解がないように申し上げておくと、稼いだお金をどこかに寄付したほうがいいと言っているのではありません（できれば収入の五パーセントくらいはそうしたいものですが）。

社会貢献といっても方法はさまざまなので、経済的に余裕がない人は次のように親切の拡散に努めればいいのです。

ポイントの上手な貯め方、使い方といったお得な情報を教えてあげる。

一人暮らしのお年寄りの話し相手になってあげる。

誰にでも簡単にできる時短料理を教えてあげる。

忙しそうにしている職場の仲間のフォローにまわる。

また、あなたが仕事で培った知識やスキルを他人のために役立てることも社会貢献につながります。

パソコンのインストラクター経験のある人は、初心者にわかりやすく教えてあげる。

不動産関係の仕事をしているなら、登記の仕方を教えてあげる

税務関係の仕事をしているなら、確定申告のやり方を教えてあげる。

同じように考えれば、あなたにしかできない、あなたならではの方法がいくらでも思いつくはずです。

ちなみに、私は仕事で培ったノウハウを生かして、月に二回ほど、「経営者育成セミナー」と「投資家育成セミナー」を無償で開催しています。また、有料のセミナーを開催するときも、収益の一部を東日本大震災の義援金や国境なき医師団へ寄付したりもしています。

こうした社会貢献活動は、お布施《ふせ》の精神で行うようにしたいものです。

お布施というと、葬式や法事でお坊さんに渡す謝礼をイメージする人が多いようですが、本当の意味はそうではありません。布施はおおまかに物施《ぶっせ》、知施《ちせ》、法施《ほうせ》の三つに大別され、お金やモノを他人に与えることを物施と呼び、それよりも知恵や知識を授けてあげる知施、

困っている人を救ってあげる法施のほうが、より重要とされているからです（仏教ではこの三つができない人は笑顔で他人に接したり、優しい言葉を投げかけるなどの無財の七施を行うことを推奨している）。

最後にもうひとつ。

こうした活動をしたからといって、相手から直接見返りを期待するのはよしましょう。むしろ、相手が喜ぶ姿を見るのを楽しみにしましょう。

「情けは人のためならず」とはよく言ったもの。あなたの愛と善意に満ちた行為は、この宇宙をめぐりめぐって、何倍にもなって別の形で自分のところへ返ってくるものなのです。

Key Point　自分が持てるスキルをお布施の精神で提供する

一流の成功者がめざすのは「競争」ではなく「共生」

本章では愛善思考を養うために心がけたほうがいいことをお伝えしてきました。

これを意識しながら、日頃から他人に接しつづけていくと、成功に欠かせない要素が備わるようになります。

それは「共存共栄」の精神です。

お互いが成長して、お互いが得する共生の関係です。


残念なことに、世の中を見渡すと、いまだ「自分さえ良ければいい」というエゴの精神で、己の欲得のみを考えている人が多い気がしてなりません。

エゴを貫くと、どうしても競争原理に目を奪われてしまいます。すると「儲けるためには手段はいとわない」とか「勝つために多少の犠牲は致し方ない」という考え方に陥ってしまいます。

しかし、そういう考え方は大いに間違っています。競争原理に目を奪われると、競争に勝とうが負けようが、敵がいることには変わりないわけで、そうなると絶えず緊張を余儀なくされることになります。

また、勝ったら勝ったで相手から恨まれ、負けたら負けたで相手を恨むため、心の中はマイナスの念で充満するようになります。

したがって、そういう人は成功をおさめるどころか、運気まで停滞し、人としての器もどんどん小さくなってしまうのです。

反対に「共存共栄」を肝に銘じれば、〝For Me〟ではなく〝For You〟の視点で何事も考えられるようになり、それが言動にも現れるため、人が信頼を寄せるようになります。信頼関係が成り立てば、コミュニケーションの質も向上し、人脈も増え、多くの人から慕《した》われるようになります。

ビジネス上のライバルであっても、敵として蹴落とすことはなく、切磋琢磨《せっさたくま》できる良きライバルとみなし、和をもってお互いに成長していこうとします。

そういう人が成功するのは至極当然のことなのです。

その最たる人物が、パナソニックの創業者である松下幸之助氏です。

松下氏は「和の共存」を理念とし、ライバル他社を競争相手ではなく、共生相手とみなしました。

すると、ライバル他社は「仲間」に変わります。つまり、仲間を多く作り、メリットを存分に発揮しあうことで、業界全体の底上げになり、それがひるがえって自社の繁栄にもつながっていくと考えたのです。

さあ、あなたもビジネスに、人生に「共存共栄」の精神を取り入れていこうではありませんか。

競争に打ち勝ち、自分ばかり得しようと考えるのではなく、お互いが発展・繁栄する関係を築いていこうではありませんか。

今、日本は、いや世界はＶＵＣＡ（ブーカ）の時代に突入したと言われています。

ＶＵＣＡとはVolatility（変動性）、Uncertainty（不確実性）、Complexity（複雑性）、Ambiguity（曖昧性）の頭文字を並べた造語で、将来の予測が困難で、不安定な状況を意味します。

確かにその通りで、コロナ禍による不況、企業の倒産、失業者の増大、個人消費の低迷など、ビジネスシーンはいっそうと厳しさを増してきました。

しかし、だからこそ「共存共栄」の精神を軸とした生き方が求められているのであり、その姿勢が人生の飛躍・発展・成功につながっていくのではないでしょうか？

最後に松下幸之助氏の次の言葉をもって、本章の締めくくりとしましょう。

「これからは競争から共生に、搾取《さくしゅ》から互助、物とお金から心と愛になっていくだろう」

Key Point　「共存共栄」の精神を軸に生きる

第六章

人生の好循環サイクルが成功を引き寄せる

意識のレベルアップは少しずつ、ゆったりでいい

意識レベルを高めると、それにつづく「認識～決断～行動～結果～気づき～変容～選択～経験～知恵～新たな意識……」の流れがプラスの連鎖反応を起こし、人生の好循環サイクルが始まるようになる。そのためには、夢向思考、明活思考、楽働思考、愛善思考の四つの思考を養う必要がある。

これが、本書で私がいちばんお伝えしたいことです。

その観点から、四つの思考を養うための方法を今までお伝えしてきましたが、これをいきなり全部マスターするのは至難の業《わざ》だと思います。

そこで、これならできそうだと思えるものから、少しずつ始めてみてはいかがでしょう?

これを私は、「スロープ・ステップ」と呼んでいます。

スロープとは傾斜のある通路のことを言い、階段のような段差がないので、高齢者や車椅子の人が通りやすいようにできています。そのため、身体に負担をかけることなく、マ

イペースでゆっくりと進むことができます。

それと同じような要領で、焦らず、自分のペースで四つの思考を養っていただきたいのです。

かく言う私もかつては真逆で、ラグビーの選手のように相手の陣地にどれだけ早く突っ込むか……みたいな生き方をしてきました。成功哲学本を読み、そこに書かれてあることを片っ端から実践していくぞ……みたいな考えでいたのです。

しかし、それだとどうしても息切れしてしまい、後がつづかなくなります。三日坊主で終わってしまう可能性があります。

そうならないためにも、無理をしないで、「これなら今の自分にもできる」というものから、ゆっくり、のんびりと始めてみませんか?

Key Point スロープ・ステップで四つの思考を養う

まずは二一日間つづけてみよう

心理学に「インキュベートの法則」という言葉があります。

これは、二一日間継続したことは習慣として定着していく、という人間特有の心理作用のことです。

最初のうちは抵抗を感じながらも、意識的にやっていることでも、二一日目あたりからはそれほど抵抗を感じなくなり、無意識に行えるようになるという理論です。

パソコンの操作がいい例です。駆け出しの頃は「文字を打ち込んだら、次は変換キーを押して……」といちいち意識しながらキーボードを叩いていましたが、慣れてくれば、そんなことを考えなくても自然体で行えるようになります。

四つの思考の養い方も同じです。その中のどの方法でもいい。一つか二つでもいい。とにかく二一日間つづけてほしいのです。

たとえば、明活思考を養うために、「マイナスの情報はできるだけ遮断しよう」と決意したら、二一日間、いつもそのことに意識を払うようにするのです。

そうすれば、二一日を過ぎたあたりから、テレビで暗いニュースが流れても、無意識にチャンネルを変えることができるようになります。人と会話して暗い話題になったときも、無意識に明るい話題に変えることができます。これだけでも、大きな進歩と言っていいでしょう。


また、人によっては、とくに順応性のある若い人などは、一週間足らずで習慣として定着する場合もあるので、日曜日の夜などに「今週はこれを心がけよう」と決めるのもいいと思います。

「今週の火曜日はA社でプレゼンをしなくてはならない。木曜日はB社で重要な商談がある」というときなどは、二章でお伝えしたように「今週は失敗しても、そこから教訓――知恵が得られることを肝に銘じよう」と自分に言い聞かせるようにするのです。

すると、プレゼンや商談がうまくいかなかったとしても、本当にその原因を突き止め、そこから教訓――知恵を得ようと考えるようになります。これはとりもなおさず、意識レベルが高まった証拠なのです。

ちなみに、私はだいぶ慣れてきたこともあって、「日替わりメニュー作戦」を実践しています。前日、就寝前に「明日は楽働思考の○○を心がけよう」「明日は愛善思考の○○を肝に銘じよう」と、翌日の目標をあらかじめ決めておくのです。

たとえば「明日は愛善思考の、誰に対してもこの人から教わろうという姿勢でいこう」と決めておくと、翌日、リアル・オンラインを問わず、人と会話をするときも、メールでやり取りするときも、そのことに意識が行くようになり、それが言動やメッセージ文（メール）となって現れます。

結果、「今日は人からこんなに教わることがあった。今後に役立てよう」となるわけです。

さあ、あなたも実践あるのみです。

Key Point　四つの思考を習慣として定着させる

意識レベルが高まると自分の使命が見えてくる

では、このようにして四つの思考を養うことで意識レベルが高まると、どのような恩恵がもたらされるのでしょう？

これについて述べると、まず自分の使命が見えてくる点が挙げられます。

前述したように、かつての私はお金の亡者で、寝ても覚めてもお金をいかに儲けるかということしか頭にありませんでした。

しかし、意識レベルが上がるにつれ、そうした気持ちが大幅に薄れ、代わりに「人はみんな、この世に何らかの使命を持って生まれてきたのではないだろうか？」と考えるようになり、自分のそれがおぼろげながらも見えてくるようになったのです。

一章でもお伝えしましたが、私は脳梗塞という大病を患ったのを機に中野区の倫理法人会に入会しました。

倫理法人会は全国の各県各市に数多ありますが、なぜ中野区を選んだのか？　それは、ひとつには郷里の石川県金沢から上京して、最初に移り住んだ場所が中野区であったこと。もうひとつは、若い頃ミュージシャンをめざしていた自分にとって、中野区（中野サンプラザ）はプロのミュージシャンがライブを行うスタート地点であることが関係していました。だから、中野区に愛着を感じていたのです。

また、中野区は一般庶民の町で、民間企業や飲食店が多いものの、全体的に見て停滞感が否めず、覇気・活気がありません。倫理法人会に入会して、民間企業や飲食店の活性化のお手伝いができたら、中野区の復興につながる。中野区の復興に成功したら、それが自信となって、ほかの過疎化の町でも同じような活動が行え、全国規模に広げていくことができる。そのことを思うたび、胸が躍り、魂が震えるのを感じます。

そう、「私の使命は日本を創生することだ。そのためにはまず中野区から創生しよう」ということに気づいたのです。

また現在、私が力を注いでいる経営コンサルタント業、複数収入・権利収入・副業収入構築モデル（MULTIPLE STREAMS OF INCOME）や不動産投資、株式投資をはじめとする一連のセミナー業、そして本の出版にも同様の使命を見出すことができました。

なぜ、これらを通して成功哲学を語るのか？　それは成功者を増やしたいからだ。成功者が増えればみんな豊かに元気になる。その利益を社会に還元していけば、経済も活性化していき、これまた日本創生の一翼を担うことになる。

やはり、キーワードは「日本創生」です。

もちろん、あなただって例外ではないはずです。

人はみんな、この世に何らかの使命を持って生まれてきています。

自分にしかできない独自の役割があります。

意識レベルが高まれば、そのことがだんだんとわかるようになり、そこに人生の意義を感じ取れれば、それこそこの世に生を受けた甲斐があったというものです。

Key Point

自分にしかできない独自の役割に気づくだけで生まれてきた甲斐がある

意識レベルが高まると人から好かれるようになる

意識レベルが高まることによってもたらされる二つめの恩恵は、人から好かれ、人づきあいが活発になることです。

私自身、そのおかげで必要としている情報が入手できたり、願ってもない人を紹介されるなどして、大きなビジネスチャンスをつかむことができたりもしました。

かつての私は、どちらかというと人の話を聞くことよりも、しゃべることのほうが多いところがありました。いったん、しゃべり出すとマシンガンのように止まらなくなります。ところが意識レベルが高まるにつれ、話すことよりも、聞く（正確に言うと「聴く」）ことのほうが楽しくなっていったのです。

相手の話に耳を傾ければ、いろいろとためになることが聞けるし、勉強になります。共感できる部分がたくさんあることにも気づきます。「この人はすごい」「こういう点は見習おう」と思えば、相手がリスペクトできるようになります。そうした気持ちを言動で表せば、相手の承認欲求を満たすことにもつながります。

また、意識レベルが高まることによって、他人からの評価がどうでもいいと思えるようにもなりました。

他人の評価がどうでもよくなると、見栄を張ったり、自分を飾る必要がなくなります。緊張感が薄れ、心が軽くなるため、ありのままの自分で人に接していけるようになります。だから、おのずと会話も弾むようになります。こうした相乗効果によって、相手は気分が良くなり、もっと私と話がしたくなるようなのです。

人間関係をテーマにした本をめくると、人の心をつかむための秘訣がいろいろと書かれていますが、意識レベルが高まると、そうしたことをいちいち意識しなくとも、自然にそれが言動となって表れます。それは、どうやら間違いないようです。

Key Point 本を読まなくとも、人の心をつかめるようになる

意識レベルが高まると自分の知らないことが自覚できるようになる

東洋思想を代表する「儒教」、その基本テキストとも言える『論語』の中に、次のような一節があります。

「子曰《のたまわ》く、人の己《おのれ》の知らざることを患《うれ》えず、人を知らざることを患う」

「人が自分を認めてくれないことを嘆くまえに、自分が人を認めようとしないことを嘆くべきである」という意味です。

この言葉は「周囲が下した自分に対する評価を不当とみなすか、周囲の評価に耳を傾けて自己改造・自己研鑽《けんさん》を図るかで、その人のその後の人生展開は大きく変わっていく」とも解釈できます。

なぜ、こんな話をしたかというと、意識レベルが高まると、他人の自分に対する評価を抵抗なく受け入れられるようになり、自分が知らないことや至らない点が自覚できるようになるからです。

今思えば汗顔《かんがん》の至りですが、かつての私は、他人から評価されることばかりを求めるところがありました。逆に他人から苦言を呈されたり、忠告されようものなら、「あなたにとやかく言われる筋合いはない！」と言わんばかりに反論することがしばしばありました。そのため、自分に苦言を呈する人を意識的に遠ざけるところがあったのです。

ところが、意識レベルが高まるにつれ、自分に苦言を呈する人に対する反発心が薄れ、むしろありがたい存在のように思えてきました。

苦言にせよ、忠告にせよ、ズバリと本音で言ってくれたに違いないし、なんだかんだと言われているうちが花で、何も言われなくなったらおしまいだと思うようになったからです。

そして、これがとくに重要なことですが、他人の苦言・忠告はなるべく真摯に受け止めるように努めたところ、自分が知らないことがいろいろと自覚できるようになりました。自分のどこに問題があるのか、どういう点が至らないのかがわかるようになっただけでなく、自分の長所までわかるようになったのです。

たとえば、私は図々しいところが自分の短所だと勝手に思い込んでいたのですが、人によってはそれが短所として映らず、「いつも積極的で自分の意志が貫ける人間」に見えるらしいのです。

したがって、意識レベルが高まったかどうかは、他人から耳が痛くなるようなことを言われたときの心情を、ひとつの判断基準にしてみてはいかがでしょうか？

自分の意に反していようが、いちいち反発することなく、素直な気持ちで聞くことができ、自分の知らないことが自覚できるようになれば、それは本物です。

Key Point　苦言・忠告を真摯に受け止められるようになればしめたもの

意識レベルが高まると自分の足りない部分が自覚できるようになる

意識レベルが高まると、自分の知らないことが自覚できるようになると言いましたが、同時に自分の足りない部分も自覚できるようになります。

わかりやすい例を出しましょう。あなたが仕事で何かのサポートをお願いするとき、なぜ助け船を出してもらおうとするのか、考えたことがありますか？

それは意識する・しないにかかわらず、「これは苦手だ」「不得手だ」ということを自分で認めているからではないでしょうか？

目を背けずにありのままの自分を見つめ、ありのままの自分の短所を認めるからこそ、それが理解できるのではないでしょうか？

だから、信頼できる誰かにサポートをお願いするのではありませんか？

これこそが、自分の足りない部分を自覚することだと私は思うのです。

そして、自分の足りない部分が自覚できるようになると、無理をしたり、暴走しなくなると同時に、それが仕事でも何かと役に立つようになります。

私の場合で言うと、海外の超一流の成功者たちと商談するときがそうです。

前述したように、私は英語がほとんどしゃべれません。相手がしゃべることもほとんど理解できません。だから、へたに何かを口にしようものなら、誤解を招いたり、相手の心証を悪くするなどして、商談がうまくいかなくなる可能性があります。

そうなると、商談はビジネス専門のプロの通訳ができる人にお願いするしかありませんが、むしろそのおかげで、海外の成功者たちと親しくおつきあいができるようになれたと思うのです。

また、自分の足りない部分が自覚できるようになると、誰とでも相互依存の関係が築けるようになります。相互依存の関係とは、お互いがしっかりと自立できている前提で、お互いの良い部分、悪い部分のどちらも受け入れ、認めあう、敬いあう、助けあう、伸ばしあう、尽くしあう……といった関係のことを言います。

こうした相互依存の関係でいる人と仕事をすれば、わからないことはわからない、自信のないことは自信がないとはっきり言えるし、相手を敬い、認めることにもなるため、相手はがぜんやる気を出してくれます。

また、自分自身も「不備な点を受け入れてもらった代わりに、やるべきことは全力を出し切ってキチンとやろう」という気持ちになれます。

つまり、それだけ双方の力が結集しやすくなり、成果が出しやすくなるのです。

そこで、意識レベルが高まったかどうかのもうひとつの判断基準として、相互依存の関係でいられる人が自分のまわりにどれくらいいるかを、足元から見つめなおしてみるのもいいでしょう。そういう人が一人でも多ければ多いほど、あなたの意識レベルが高くなった証拠で、いい仕事、いい生き方ができるに違いありません。

Key Point

相互依存の関係でいられる人が
どれくらいいるか見つめなおしてみる

意識レベルが高まるとあきらめなくなる

意識レベルが高まると、自分の知らないことが自覚できるようになる、自分の足りない部分が自覚できるようになると言いました。

これは言い換えると、自分が「そうだ」と納得したからではないでしょうか？　知らないことをキチンと認識した。自分には足りない部分があることを悟った。どれも納得ですよね。

もっとわかりやすい例を出しましょう。最近太ってしまったし、野菜不足が気になるので、あなたが連日野菜ジュースを飲んでいるとします。

これを選んだのは誰ですか？　家族ですか？　友人ですか？　違いますよね。自分ですよね。

家族や友人から「毎日、野菜ジュースを飲むと健康にいいよ」と勧められたとしても、最終的には自分で「健康にいいし、野菜ジュースを飲もう」と決断し、納得したから、毎日飲むことにしたのではないでしょうか？

何が言いたいかというと、人は納得したことしかやらないし、また納得してやろうとしたことはあきらめなくなるということです。そして、意識レベルが高まると、この傾向が強まり、しかもそれが人生にプラスに働くようになります。

私の場合で言うと、二章でもお伝えしたように、中野区倫理法人会の会長に就任したとき、六〇社足らずの会員数を「一〇〇社に増やしてみせます」と宣言し、予祝したときがそうでした。

私の使命は日本を中野区から創生していくこと。会員数を増やすことは、そのための登竜門。ここをくぐらねば前に進めない。そう思うと妙に納得し、「やるしかない」という衝動に駆り立てられたのです。

だから、うまくいかなかったらどうしよう……と考えたことなど一度もなかったし、仮にうまくいかなかったとしても、あきらめる気持ちにはなれなかったでしょう。

そう、この「あきらめる気持ちになれない」という心情が大切で、自分の掲げた目標ややるべきことに対して常にそういう心情でいられるようになれば、意識レベルが高まった証拠なのです。

そうなれば、仮にうまくいかなかったとしても、そこで挫折することはありません。心をへこませることもありません。納得してやろうと決めたことは、納得するまでやろうとするのが人間の常。

ということは、トーマス・エジソンの次の金言を身をもって体感することでしょう。

「私たちの最大の弱点はあきらめることにある。

成功するのにもっとも確実な方法は、常にもう一回だけ試してみることだ」

Key Point

納得してやろうと決めたことを納得するまでやるのが、成功する確実な方法

意識レベルが高まると身体を粗末に扱わなくなる

脳梗塞を患うなど大病をしたにもかかわらず、意識レベルが高まるにつれ、私は以前にも増して健康になりました。

なぜでしょうか？　人間にとって、何にも増して偉大でかけがえのないものといえば、肉体をおいてほかにないということに気づき、身体をいたわるようになったからです。

普段、私たちはあまり意識をしませんが、心臓、肺、気管支、胃腸、膵臓《すいぞう》、腎臓、肝臓、眼球、三半規管……、そのどれをとっても驚くばかりの働きをしています。

たとえば心臓。母親のお腹にいるときから、今日に至るまで、起きているときも眠っているときも休むことなく動きつづけています。

どんなに疲れていても、「休ませてくれ……」と、鼓動を止めたことなど一度もありません。

もし、同じような機能の機械を作るとしたら、大変高価なものになるはずです。

眼球にしても同じです。近年、フルハイビジョンの液晶テレビやカメラなどがどんどん開発されていますが、それよりもはるかに精巧な高性能・高画質の装置を、私たちは二つも授かっています。

パソコンやスマホを長時間やりつづけることで、どんなに目を酷使しても、同じように「休ませてくれ……」と言ったためしがありません。

こう考えると、私たちの身体は何千億、何兆といったお金をもってしてでも作ることのできない、誠に尊く、ありがたいものだと言っていいのではないでしょうか？

そのことに気づき、今、この瞬間を大切に生きませんか？

人生は「今、この瞬間」の連続体。今、この瞬間を大切に、ありがたい気持ちで生きれば、明日はもっとありがたいことがやってくるはずです。

Key Point　身体の尊さ、ありがたさに気づき、感謝して今を生きる

意識レベルが高まると何もかもがありがたく思えてくる

一章でセルフトークの大切さについてお伝えしましたが、私自身、最近口にすることが多くなったフレーズがあります。

それは「ありがたい」という言葉です。

他人に対しても同様で、メールでやり取りするとき、要件の前後に必ず次の言葉を付け加えるようにしています。

「いつもありがとうございます」

「感謝します」

よくよく考えてみると、この世はありがたいことばかりです。

実にたくさんの恩恵を自然からも人間社会からも与えられています。

今、こうして生きていられるのは空気のおかげですよね？　水や火のおかげですよね？

これらのいずれかが欠けていたら、私たちは生きることができなくなります。

人間社会はどうでしょう？　本書を執筆している現在、東京ではコロナ禍で二度目の非常事態宣言が出され外食もままなりませんが、同じくありがたいことばかりです。お腹がすいたときはコンビニに行けば、おにぎりでもサンドウィッチでも手に入れることができます。

外出自粛で親友や恋人と会うのがままならなくても、オンラインを利用すれば、いつでも相手の顔を見ながら会話を交わすことができます。

ほしいモノがあれば、いちいちお店に行かなくても、ネットで買うことができます。

そういった普段の当たり前のことに対して、ありがたく思えてくればしめたもの。意識レベルはいっそう高まり、あなたは幸福な人生を歩んでいることに気づくはずです。

Key Point　ありがたいと思った瞬間、すでに幸福人生

感謝の言葉を口ぐせにして生きる

前項でこの世はありがたいことばかりで、たくさんの恩恵を自然からも人間社会からも与えられていると言いましたが、そのことが頭では理解できても、普段の生活の中では何かと忘れがちです。

とくに、腹立たしいことがあったり、イライラしようものなら、それどころではなくなり、不平不満やグチのセルフトークのほうが多くなると思います。

そこで、最後に私からのお願いですが「ありがとうございます」「感謝します」という言葉を口ぐせにしてみませんか？　まずは形から入ってしまうのです。

初めのうちは抵抗を感じたり、戸惑うこともあるかもしれませんが、人間の心理は不思議なもので、そういう言葉を頻繁に口にしていると、いつしか考え方や行動も同化するようになります。

私の場合なら、コンビニなどで買い物をしたときも、レジの店員に対して「ありがとうございます」と言うようにしています。

普通は逆で、その言葉は店員が言うべきものだと思うかもしれませんが、これにはキチンとした理由があります。

「この店で私は乾電池とお弁当を買うことができた。そのおかげでエアコンのリモコンが動かせるようになり涼むこともできるし、空腹も満たすことができる。それによって生活が快適になる」

そう思うと、自然に感謝の言葉が口から出てくるのです。

さらに私は〝報恩〟も心がけています。報恩とは恩を受けたら、それに報いていく気持ち、平たく言えば「恩返し」のことです。

報恩の仕方はモノを贈らせていただくこともあれば、情報を提供させていただいたり、人を紹介させていただく……等々、まちまちですが、その根底には「感謝の気持ちを形で表したい」という気持ちがあるのです。

ですから、あなたも最初は形から入り、「ありがとうございます」「感謝します」という言葉を口ぐせにして、心の底から本当にそう思えてきたら、その気持ちを報恩として形に表してみてはいかがでしょう？

仏教に「懸《けん》情《じょう》流《りゅう》水《すい》受《じゅ》恩《おん》刻《こく》石《せき》」という言葉があります。

他人から受けた恩義はどんなに些細なことであっても、心の石に刻み、自分が情けをかけたり施したことは水に流すかのように忘れることの大切さを説いています。

この格言の教えを地でいくような生き方ができたとき、あなたの人生は、ますます光り輝くものとなるでしょう！

Key Point

「懸情流水受恩刻石」で生きる

【参考文献／引用元（順不同）】

『7つの習慣』スティーブン・R．コヴィー著／ジェームス・スキナー川西茂訳／キングベアー出版
『ロバート・アレンの実践億万長者入門』ロバート・アレン著／今泉敦子神田昌典訳／フォレスト出版
『もういちど読む山川倫理』小寺聡編／山川出版社
『名言　人生を豊かにするために』「座右の銘」研究会編／里文出版
『人を動かす［名言・逸話］大集成』鈴木健二篠沢秀夫監修／講談社
『成功の真実』ロッキー・リャン著／ソフィア・ツァオ訳／あさ出版
『人生に奇跡をもたらす7つの法則』ディーパック・チョプラ著／岡野守著／ＰＨＰ研究所
『8つの鍵』ロイス・クルーガー著／鳥井祐一訳／中経出版
『カーネギー名言集』ドロシー・カーネギー編／神島康訳／創元社
『奇蹟の時は今』ジャック・アディントン著／谷口雅春訳／日本教文社
『引き寄せの法則』ウィリアム・アトキンソン著／林陽訳／ベストセラーズ
『富の福音』アンドリュー・カーネギー著／田中孝顕訳／きこ書房
『「上に立たせてはいけない人」の人間学』岬龍一郎著／講談社
『運命を拓く』中村天風著／講談社
『成功の黄金律』謝世輝著／三笠書房
『達成力』謝世輝著／サンマーク出版

『世界の成功法則』植西聰著／実業之日本社
『満月の法則』佐藤康行著／サンマーク出版
『ジョセフ・マーフィー　心を強くする41の言葉』倉林秀光著／すばる舎
『世界の超一流から教えてもらった「億万長者」思考』稲村徹也著／日本実業出版社
『お金を稼ぐ人は何を学んでいるのか？』稲村徹也著／きずな出版
『「失敗」を「お金」に変える技術』稲村徹也著／きずな出版

【著者略歴】　稲村 徹也（いなむら・てつや）

ウェーブリンク株式会社　代表取締役

経営コンサルタント業、集客、マーケティング、人材教育業、投資会社などを経営。石川県金沢市生まれ。2000 年続く能登比咩神社の家系の末裔。
21 歳で人材アウトソーシング業創業。株式上場をめざし年商 20 億円の企業にまで成長させる。
当時、銀行の貸し渋りや、規制や制限の問題で、資金が続かず倒産。30 歳で億単位の借金を背負う。

その後、再スタートをきり、経営コンサルティング業や集客、マーケティング、人財教育業、投資会社など各々億単位の年商をあげる複数の会社を経営。

現在は、欧米や中国などの世界の超一流人と公私ともにかかわりながら、自らの学びや経験を交えたビジネスセミナーも開催している。

日本のレベルを世界基準にするために、セミナー講師や企業のビジネス構築・マーケティング、ブランディングをプロデュースしている。

著書に『世界の超一流から教えてもらった「億万長者」思考』（日本実業出版社）、『お金を稼ぐ人は何を学んでいるのか？』『「失敗」を「お金」に変える技術』（きずな出版）、訳本に『日本人のためのお金の増やし方大全』『幸せをつかむ「4つの地図」の歩き方』（いずれもロバート・G・アレン著／フォレスト出版）などがある。

▎稲村徹也スペシャルサイト［逆境の成功哲学メルマガ配信中］
https://wavelink.tokyo/success168/

富や名声なんて何度でも手にできる！

逆境の成功哲学

2021 年 7 月 4 日　　第 1 刷発行

著　者 —— 稲村 徹也
発行者 —— 德留 慶太郎
発行所 —— 株式会社すばる舎
〒 170-0013　東京都豊島区東池袋 3-9-7 東池袋織本ビル
TEL　03-3981-8651（代表）
03-3981-0767（営業部直通）
FAX　03-3981-8638
URL　http://www.subarusya.jp/
印　刷 —— 株式会社光邦

ISBN978-4-7991-0976-2